新编基础会计
——知识与技能训练

主 编 刘春华 孟文新

经济科学出版社

图书在版编目（CIP）数据

新编基础会计：知识与技能训练/刘春华，孟文新主编．
—北京：经济科学出版社，2012.8
ISBN 978－7－5141－2333－3

Ⅰ.①新⋯　Ⅱ.①刘⋯②孟⋯　Ⅲ.①会计学－高等职业教育－教材　Ⅳ.①F230

中国版本图书馆 CIP 数据核字（2012）第 202479 号

责任编辑：计　梅　张　萌
责任校对：杨　海
责任印制：王世伟

新编基础会计
——知识与技能训练
主编　刘春华　孟文新
经济科学出版社出版、发行　新华书店经销
社址：北京市海淀区阜成路甲 28 号　邮编：100142
总编部电话：88191217　发行部电话：88191537
网址：www.esp.com.cn
电子邮件：esp@esp.com.cn
北京中石油彩色印刷有限责任公司印装
787×1092　16 开　24.25 印张　460000 字
2012 年 8 月第 1 版　2012 年 8 月第 1 次印刷
ISBN 978－7－5141－2333－3　定价：42.00 元
（图书出现印装问题，本社负责调换。电话：88191502）
（版权所有　翻印必究）

辽宁金融职业学院教材
编审委员会

主 任 郑永海
副主任 李厚戬
委 员（以姓氏笔画为序）
　　　　白玉刚　孙迎春　孙德才
　　　　时武略　张翠珍　夏立光

编写说明

近年来，我国的高等职业教育有了很大的发展，出台了一系列政策措施。温家宝总理以《大力发展中国特色的职业教育》为题的重要讲话和《国务院关于大力发展职业教育的决定》的颁布实施，都无疑给中国的职业教育发展注入了前所未有的活力，特别是《关于全面提高高等职业教育教学质量的若干意见》为高等职业教育的教学质量提出了更高的要求，并加强了示范专业建设、精品课程建设和示范院校建设等。"十一五"期间在教材建设方面提出了重点建设好3 000种左右的国家规划教材，并要求与行业企业共同开发紧密结合的实训教材。为此，我们组织了一批从事职业教育理论和实践工作多年的教师、学者，联系专业实际、行业特点，编写了一套职业教育系列教材。这本《新编基础会计——知识与技能训练》是我们推出的系列教材的其中之一，是由长年从事会计实践工作的教师和实践工作者共同编写的、经过审查推向社会的一部适合高等职业教育、成人教育的教材。

完善高等职业教育教材体系，推动职业教育发展，是我们编写这套系列教材的宗旨，敬请广大读者在使用中批评指正。

辽宁金融职业学院教材编审委员会
2012年7月

前　言

《基础会计》是会计专业和其他相关专业的专业基础课程，同时也是一门操作性很强的课程，然而，由于初涉会计的学生对会计的基本理论缺乏认知能力，对会计簿籍缺乏感性认识，使基础会计的教学效果受到一定影响。为增强学生对会计基本原理和基本方法的理解，掌握会计基本操作技能，弥补基础会计教材的局限性，同时解决学生到企业实习难的问题，我们根据多年从事会计教学和实习实训指导的经验和体会，组织编写了这本《新编基础会计——知识与技能训练》教程，作为《新编基础会计》的配套教材。

本书共分为四篇，第一篇为"基础会计分项目知识与技能训练"，这部分内容主要是针对《基础会计》教材中的实训内容有针对性地进行单项知识练习和技能训练，有的放矢，突出重点，并为综合实训奠定基础；第二篇为"基础会计综合能力训练"，这部分内容是以模拟企业适量的经济业务为例，进行会计核算的综合练习，完成从建账开始，到填制和审核会计凭证、登记会计账簿、编制会计报表的全过程，从而使学生完整地了解和掌握基础会计的内容及各章节之间的联系，初步掌握会计核算的基本操作技能；第三篇为"基础会计模拟试题"，这部分内容与基础会计教材内容紧密配合，能巩固和加强学生对会计基本理论知识的理解，并通过自我测试了解对基本理论知识的掌握程度；第四篇为"会计案例"，这部分内容选用比较典型的会计案例进行分析、思考，培养学生分析问题、解决问题的能力。

本书针对现阶段高职高专特点，以培养学生技能为主。将传统授课内容与实训教学完美地结合，专项实训、综合实训、习题与案例四部分相结合，能有效解决教师和学生基础会计教学活动中"教"与"学"的全部问题。

本书由刘春华、孟文新担任主编，林淑清、徐欣担任副主编。具体编写工作分工如下：第二篇综合实训一由刘春华编写；第一篇项目一、项目三、项目四、项目五、项目六、项目八，第四篇由孟文新编写；第二篇综合实训二由林淑清编写；第三篇基础会计模拟试题由徐欣编写；第一篇项目二、项目七由鲁元媛编写；第一篇项目九、项目十由范雪飞编写。全书由刘春华、孟文新负责编写大纲及统稿工作。

在本书编写过程中，我们参阅了许多文献资料，在此向作者表示感谢。

由于作者水平有限，加之时间仓促，书中难免存在缺点、错误或其他不妥之处，恳请广大读者批评指正，以便我们不断修改完善。

编者

2012 年 7 月

目 录

第一篇 基础会计分项目知识与技能训练

项目一 会计概述 3
  第一部分 基础知识训练 3
  第二部分 业务技能训练 9

项目二 会计科目和账户 12
  第一部分 基础知识训练 12
  第二部分 业务技能训练 17

项目三 会计记账的方法——复式记账 20
  第一部分 基础知识训练 20
  第二部分 业务技能训练 26

项目四 制造企业主要经济业务的核算 29
  第一部分 基础知识训练 29
  第二部分 业务技能训练 36

项目五 会计核算的依据——会计凭证 44
  第一部分 基础知识训练 44
  第二部分 业务能力训练 49

项目六 会计核算的载体——会计账簿 68
  第一部分 基础知识训练 68
  第二部分 业务技能训练 74

项目七 财产清查 108
  第一部分 基础知识训练 108

第二部分　业务技能训练 …………………………………………………… 111

项目八　账务处理程序 …………………………………………………………… 114
　　第一部分　基础知识训练 …………………………………………………… 114
　　第二部分　业务技能训练 …………………………………………………… 117

项目九　财务会计报告——会计报表的编制 …………………………………… 162
　　第一部分　基础知识训练 …………………………………………………… 162
　　第二部分　业务技能训练 …………………………………………………… 168

项目十　会计工作组织与管理 …………………………………………………… 175
　　基础知识训练 ………………………………………………………………… 175

第二篇　基础会计综合能力训练

综合实训一 ………………………………………………………………………… 181

综合实训二 ………………………………………………………………………… 313

第三篇　基础会计模拟试题

基础会计模拟试题一 ……………………………………………………………… 343

基础会计模拟试题二 ……………………………………………………………… 347

基础会计模拟试题三 ……………………………………………………………… 351

第四篇　会计案例

第一篇 基础会计分项目知识与技能训练

项目一 会计概述

第一部分 基础知识训练

一、单项选择题

1. 会计利用货币计价，主要从（   ）方面反映经济活动。
   A. 生产经营活动　　　B. 实物　　　　　　C. 数量　　　　　　D. 价值量
2. "四柱清册"中的"开除"是指（   ）。
   A. 全部负债　　　　　B. 全部资产　　　　C. 本期支出　　　　D. 本期结存
3. 会计以（   ）为基本计量形式。
   A. 实物计量　　　　　B. 货币计量　　　　C. 时间计量　　　　D. 劳动计量
4. 会计的基本职能是（   ）。
   A. 反映和考核
   B. 核算和监督
   C. 预测和决策
   D. 分析和管理
5. 在会计职能中，属于控制职能的是（   ）。
   A. 进行会计核算
   B. 参与经济决策
   C. 实施会计监督
   D. 评价经营业绩
6. 下列各会计要素中，（   ）不是反映财务状况的会计要素。
   A. 资产　　　　　　　B. 负债　　　　　　C. 所有者权益　　　D. 收入
7. 在会计核算的基本前提中，界定会计工作和会计信息的空间范围的是（   ）。
   A. 会计主体　　　　　B. 持续经营　　　　C. 会计期间　　　　D. 货币计量
8. 会计核算的最终环节是（   ）。
   A. 确认　　　　　　　B. 计量　　　　　　C. 记录　　　　　　D. 报告
9. 关于会计的说法错误的是（   ）。
   A. 货币是会计的唯一计量单位
   B. 会计的主要工作是核算和监督
   C. 会计的对象针对的是特定主体平时所发生的经济活动
   D. 会计是一项经济管理活动
10. 下列方法中，不属于会计核算方法的有（   ）。
    A. 填制会计凭证
    B. 登记会计账簿
    C. 编制财务预算
    D. 编制会计报表

11. 会计核算过程中，会计处理方法前后各期（　　）。
    A. 可以变动，但须经过批准　　　　　　B. 应当一致，不得随意变更
    C. 可以任意变动　　　　　　　　　　　D. 应当一致，不得变动
12. 持续经营是建立在（　　）基础上的。
    A. 会计主体　　　　　　　　　　　　　B. 权责发生制原则
    C. 会计分期　　　　　　　　　　　　　D. 货币计量
13. 资金的循环与周转过程不包括（　　）。
    A. 供应过程　　　　　　　　　　　　　B. 生产过程
    C. 销售过程　　　　　　　　　　　　　D. 分配过程
14. 会计分期是建立在（　　）基础上的。
    A. 会计主体　　　　　　　　　　　　　B. 持续经营
    C. 权责发生制原则　　　　　　　　　　D. 货币计量
15. 负债是指由于过去的交易或事项所引起的企业的（　　）。
    A. 过去义务　　　　　　　　　　　　　B. 现时义务
    C. 将来义务　　　　　　　　　　　　　D. 永久义务
16. 下列选项中，属于负债要素的是（　　）。
    A. 应收账款　　　　　　　　　　　　　B. 预收账款
    C. 债券　　　　　　　　　　　　　　　D. 专利权
17. 中期财务会计报告包括（　　）。
    A. 月度财务会计报告　　　　　　　　　B. 半年度财务会计报告
    C. 季度财务会计报告　　　　　　　　　D. 年度财务会计报告
18. 一般情况下，固定资产会在持续进行的生产经营过程中长期发挥作用，并服务于生产经营过程。所以，企业将固定资产以历史成本进行记录，并将历史成本分摊到各个会计期间或相关产品的成本中，该会计处理所依据的会计假设是（　　）。
    A. 会计主体　　　　　　　　　　　　　B. 持续经营
    C. 会计分期　　　　　　　　　　　　　D. 货币计量
19. 我国企业会计准则规定，企业的会计确认、计量和报告的基础是（　　）。
    A. 按收付实现制　　　　　　　　　　　B. 永续盘存制
    C. 实地盘存制　　　　　　　　　　　　D. 权责发生制
20. 会计对象是企事业单位的（　　）。
    A. 资金运动　　　　　　　　　　　　　B. 经济活动
    C. 经济资源　　　　　　　　　　　　　D. 劳动成果
21. （　　）是指公司、企业在销售商品、提供劳务及让渡资产使用权等日常活动中形成的经济利益总流入。
    A. 现金　　　　　　　　　　　　　　　B. 银行存款
    C. 货币资金　　　　　　　　　　　　　D. 收入
22. （　　）是指公司、企业在销售商品、提供劳务等日常活动中形成的经济利益流出。
    A. 支出　　　　　B. 应付账款　　　　　C. 成本　　　　　D. 费用

23. 企业对会计要素进行计量时，一般采用的计量属性是（　　）
　　A. 历史成本　　　　　　　　　　B. 重置成本
　　C. 公允价值　　　　　　　　　　D. 可变现净值

二、多项选择题

1. 宋代创建和运用了"四柱结算法"，所谓四柱即"旧管"、"新收"、"开除"、"实在"，其涵义分别相当于近代会计中的（　　）。
　　A. 期初结存　　　　　　　　　　B. 本期收入
　　C. 本期支出　　　　　　　　　　D. 期末结存

2. 明末清初的"龙门账"，把全部经济业务划分为"进"、"缴"、"存"、"该"四大类，分别相当于现在会计中的（　　）。
　　A. 全部收入　　　　　　　　　　B. 全部支出
　　C. 全部资产　　　　　　　　　　D. 全部负债

3. 会计核算可以采用多种量度，如（　　）。
　　A. 货币量度　　　　　　　　　　B. 实物量度
　　C. 劳动量度　　　　　　　　　　D. 空间量度

4. 会计的特点是（　　）。
　　A. 以货币为主要计量单位
　　B. 以真实、合法的原始凭证作为核算依据
　　C. 对经济活动要进行综合、连续、系统、完整地核算和监督
　　D. 以货币为唯一计量单位

5. 会计核算产生的信息，应具有（　　）。
　　A. 完整性　　　　　　　　　　　B. 连续性
　　C. 系统性　　　　　　　　　　　D. 合理性

6. 会计的基本职能有（　　）。
　　A. 进行会计核算　　　　　　　　B. 实施会计监督
　　C. 参与经济决策　　　　　　　　D. 评价经营业绩

7. 现代会计除了会计核算和会计监督两个基本职能外，还包括（　　）等许多新的职能。
　　A. 会计预测　　　　　　　　　　B. 会计决策
　　C. 会计控制　　　　　　　　　　D. 会计分析

8. 会计监督包括（　　）。
　　A. 单位内部会计监督　　　　　　B. 国家监督
　　C. 社会监督　　　　　　　　　　D. 职工监督

9. 会计信息的使用者主要包括（　　）。
　　A. 社会公众　　　　　　　　　　B. 政府及相关部门
　　C. 投资者　　　　　　　　　　　D. 债权人

10. 会计对象是（　　）的内容。
　　A. 会计核算　　　　　　　　　　B. 物资流转
　　C. 会计监督　　　　　　　　　　D. 财务活动

11. 下列关于会计对象的说法正确的有（　　）。
    A. 会计对象是社会再生产过程中的全部经济活动
    B. 再生产过程中发生的、能够用货币表现的经济活动
    C. 会计对象不是社会再生产过程中的全部经济活动，而是其中能够用货币表现的方面
    D. 会计对象是企业再生产过程中的资金运动
12. 会计方法是用来核算和监督会计对象、完成会计目标的手段。包括（　　）。
    A. 会计核算方法　　　　　　　　　B. 会计预测方法
    C. 会计决策方法　　　　　　　　　D. 会计控制方法和会计分析方法
13. 下列属于会计核算方法的有（　　）。
    A. 会计主体　　　　　　　　　　　B. 复式记账
    C. 财产清查　　　　　　　　　　　D. 成本计算
14. 会计核算的基本前提包括（　　）。
    A. 会计主体　　　　　　　　　　　B. 会计分期
    C. 货币计量　　　　　　　　　　　D. 权责发生制
15. 下列组织可以作为一个会计主体进行核算的有（　　）。
    A. 独资企业　　　　　　　　　　　B. 企业的生产或销售部门
    C. 分公司　　　　　　　　　　　　D. 集团公司
16. 对于会计主体的理解，下列命题正确的是（　　）。
    A. 会计主体可以是一个有法人资格的企业，也可以是企业的内部单位或企业中的一个特定部分
    B. 会计主体一定是法人
    C. 法人一定是会计主体
    D. 企业内部的二级单位不能作为会计主体
17. 下列原则属于会计信息质量要求原则的有（　　）。
    A. 权责发生制　　　　　　　　　　B. 谨慎性
    C. 相关性　　　　　　　　　　　　D. 可比性
18. 按照权责发生制原则的要求，下列应计入本期收入和费用的有（　　）。
    A. 本期实现的收入已收款　　　　　B. 本期的费用已付款
    C. 本期实现的收入未收款　　　　　D. 下期的费用已付款
19. 下列属于会计信息质量要求谨慎性原则的有（　　）。
    A. 不应高估资产或者收益　　　　　B. 低估负债
    C. 少计费用或者损失　　　　　　　D. 计提秘密准备
20. 下列属于会计等式的是（　　）。
    A. 本期借方发生额合计 = 本期贷方发生额合计
    B. 本期借方余额合计 = 本期贷方余额合计
    C. 资产 = 负债 + 所有者权益
    D. 收入 – 费用 = 利润
21. 下列属于我国会计计量属性的是（　　）。

A. 历史成本 B. 重置成本
C. 可变现净值 D. 公允价值

22. 我国《企业会计制度》规定，会计期间分为（　　）。
A. 月度 B. 季度
C. 半年度 D. 年度

23. 下列方法中，属于会计核算方法的有（　　）。
A. 填制会计凭证 B. 登记会计账簿
C. 编制会计报表 D. 编制财务预算

24. 会计是（　　）。
A. 经济管理活动 B. 以凭证为依据
C. 以货币为主要计量单位 D. 针对特定主体的经济活动

25. 会计等式反映资产的归属关系，它是（　　）等会计核算方法建立的理论基础。
A. 设置账户 B. 复式记账
C. 编制会计报表 D. 财产清查

26. 下列反映企业财务状况的会计要素是（　　）。
A. 资产 B. 费用
C. 负债 D. 未分配利润

27. 下列会计要素中，反映经营成果的是（　　）。
A. 收入 B. 费用
C. 利润 D. 负债

28. 收入的特点有（　　）。
A. 可能带来资产增加 B. 可能使负债减少
C. 会导致所有者权益增加 D. 可能会引起费用减少

29. 资产的特点有（　　）。
A. 必须是有形的 B. 必须是企业所拥有的
C. 必须会给企业带来经济利益 D. 必须是经济资源

三、判断题
1. 会计发展的历史证明，会计是在社会政治变革中产生的。（　　）
2. 在会计核算中，货币计量是唯一的计量单位。（　　）
3. 收入就是企业经济活动中形成的经济利益的总流入。（　　）
4. 会计的最基本功能是会计监督。（　　）
5. 会计是指以货币为主要的计量单位，反映和监督一个单位经济活动的一种经济管理活动，是经济管理的重要组成部分。（　　）
6. 签订经济合同是一项经济活动，因此属于会计对象。（　　）
7. 会计主体是指会计所核算和监督的特定单位或者组织，它界定了会计工作的空间范围，明确了经济权利和责任的归属主体。（　　）
8. 会计期间分为年度、季度、月份和旬。（　　）
9. 会计核算以人民币为记账本位币，业务收支以人民币以外的货币为主的企业，也可选

定其中一种货币作为记账本位币，但编制的会计报表需折算为人民币反映。（   ）

10. 没有会计监督，会计反映便失去了存在的意义。（   ）

11. 会计主体一定是法律主体，但法律主体不一定是会计主体。（   ）

12. 只要是由过去的交易、事项形成的并由企业拥有或控制的经济资源，均应确认为企业的一项资产。（   ）

13. 资产、负债、利润三要素是会计计量的基本内容。（   ）

14. 持续经营是会计分期的前提，在持续经营前提下，会计期间的划分是配合生产经营活动的自然现象，而不是人为的划分。（   ）

15. 企业在一定期间发生亏损，则企业在这一会计期间的所有者权益一定减少。（   ）

16. 没有会计主体，就不会有持续经营；没有持续经营，就不会有会计分期；没有货币计量，就不会有现代会计。（   ）

17. 凡是特定对象中能够以货币表现的经济活动，都是会计对象。（   ）

18. 在会计核算中，每项经济业务的发生或完成，原则上都要以会计凭证为核算依据，但个别经济业务除外。（   ）

19. 会计核算的三项工作是指记账、对账、报账。（   ）

20. 我国的《企业会计准则》规定，企业的会计核算应当以权责发生制为基础。（   ）

第二部分　业务技能训练

实训一　认识资产、负债和所有者权益

一、实训目的

通过实训使学生熟悉资产、负债和所有者权益的内容和种类，并明确三者之间的关系。

二、实训要求

1. 指出实训资料所列项目哪些归属于资产项目，哪些归属于负债项目，哪些归属于所有者权益项目。
2. 分别计算资产、负债和所有者权益的合计数并说明资产、负债和所有者权益之间的关系。

三、实训资料

光明公司 2011 年 12 月 31 日资产、负债和所有者权益构成如下：

项目	资产	负债	所有者权益
1. 厂房一栋，价值 200 000 元			
2. 欠付原材料供应单位货款 18 800 元			
3. 在银行的存款 50 000 元			
4. 东风公司投入资本 200 000 元			
5. 库存原材料 500 吨，价值 30 000 元			
6. 应付短期借款利息 6 000 元			
7. 尚未收回的应收销货款 40 000 元			
8. 丰华公司投入资本 100 000 元			
9. 应付投资者利润 10 000 元			
10. 持有三年期国库券 28 000 元			
11. 土地使用权，价值 60 000 元			
12. 应付票据 10 张，金额 32 000 元			
13. 两年后偿还的银行借款 50 000 元			
14. 预收购货单位货款 10 000 元			
15. 在产品 300 件，价值 8 000 元			
16. 生产产品专利权一项，价值 20 000 元			
17. 应缴纳税金 4 800 元			

续表

项目	资产	负债	所有者权益
18. 资本公积金 42 000 元			
19. 借入的半年期银行借款 20 000 元			
20. 盈余公积金 24 000 元			
21. 库存零用现金 2 000 元			
22. 库存产品 1 000 件，价值 45 000 元			
23. 持有股票 10 000 元，拟于半年后出售			
24. 机器设备 5 台，价值 150 000 元			
25. 预付购材料货款 15 000 元			
26. 应收票据金额 30 000 元			
27. 发行三年期债券，价值 80 000			
28. 未分配利润 90 400 元			
合计			

实训二　认识会计要素

一、实训目的

通过实训使学生熟悉会计要素的构成内容，理解会计要素与会计对象之间的关系。

二、实训要求

根据实训资料分别列示资产、负债、所有者权益、收入、费用和利润项目。

三、实训资料

东华公司会计要素如下：

要素	资产	负债	所有者权益	收入	费用	利润
短期借款						
原材料						
银行存款						
实收资本						
应缴税费						
无形资产						
管理费用						
营业外收入						
营业外支出						

续表

要素	资产	负债	所有者权益	收入	费用	利润
产品销售收入						
未分配利润						
销售费用						
生产成本						
库存商品						
财务费用						
应收账款						
应付账款						
预收账款						
预付账款						
应付债券						
固定资产						
应收票据						
应付票据						
长期股权投资						
资本公积						
实收资本						

项目二　会计科目和账户

第一部分　基础知识训练

一、单项选择题

1. 账户结构一般分为（　　）。
   A. 左右两方　　　　　　　　　　B. 上下两部分
   C. 发生额、余额两部分　　　　　D. 前后两部分
2. 账户的贷方反映的是（　　）。
   A. 费用的增加　　　　　　　　　B. 所有者权益的减少
   C. 收入的增加　　　　　　　　　D. 负债的减少
3. 收入类账户的结构与所有者权益账户的结构（　　）。
   A. 完全一致　　　　　　　　　　B. 相反
   C. 基本相同　　　　　　　　　　D. 无关
4. 账户余额一般与（　　）在同一方向。
   A. 增加额　　　　　　　　　　　B. 减少额
   C. 借方发生额　　　　　　　　　D. 贷方发生额
5. 收入类账户期末结账后，应是（　　）。
   A. 贷方余额　　　　　　　　　　B. 借方余额
   C. 没有余额　　　　　　　　　　D. 借方或贷方余额
6. "应收账款"账户初期余额为 5 000 元，本期借方发生额为 6 000 元，贷方发生额为 4 000 元，则期末余额为（　　）。
   A. 借方 5 000　　　　　　　　　B. 贷方 3 000
   C. 借方 7 000　　　　　　　　　D. 贷方 2 000
7. 在借贷记账中，账户的哪一方记增加数，哪一方记减少数取决于（　　）。
   A. 账户的结构　　　　　　　　　B. 账户的作用
   C. 账户的用途　　　　　　　　　D. 账户的类型
8. 对每个账户而言，期末余额只能在（　　）。
   A. 借方　　　　　　　　　　　　B. 贷方
   C. 借方和贷方均可　　　　　　　D. 账户的一方
9. 在借贷记账法下，负债、所有者权益、收入账户贷方表明（　　）。

A. 负债、所有者权益和收入增加　　　　B. 资产、成本和费用增加
C. 负债、所有者权益和收入减少　　　　D. 资产、损益减少

10. 在账户中，用"借方"和"贷方"登记资产和负债、所有者权益的增减数额，按照账户结构，概括地说是（　　）。
A. "借方"登记资产的增加和负债、所有者权益的减少；"贷方"反之
B. "借方"登记资产和负债、所有者权益的增加；"贷方"反之
C. "借方"登记资产和负债、所有者权益的减少；"贷方"反之
D. "借方"登记资产的减少和负债、所有者权益的增加

11. （　　）不是设置会计科目的原则。
A. 必须结合会计对象的特点　　　　B. 统一性与灵活性相结合
C. 应保持相对的稳定　　　　　　　D. 经审计人员审计批准

12. （　　）不属于损益类的会计科目。
A. 管理费用　　　　　　　　　　　B. 生产成本
C. 主营业务成本　　　　　　　　　D. 其他业务成本

13. 会计账户借贷两方，哪一方登记增加数，哪一方登记减少数，取决于（　　）
A. 账户的级次　　　　　　　　　　B. 记账方法
C. 账户的类别　　　　　　　　　　D. 所记录的经济业务内容

14. （　　）账户"借方"表示减少。
A. 资产类　　B. 成本类　　C. 费用类　　D. 收入类

15. 假如企业某资产账户期初余额为 5 600 元，期末余额为 5 700 元，本期贷方发生额为 800 元，则本期借方发生额为（　　）。
A. 900 元　　B. 10 500 元　　C. 700 元　　D. 12 100 元

16. 假如企业某所有者权益账户本期贷方发生额为 1 200 万元，本期借方发生额 1 500 万元，期末余额为 1 300 万元，则期初余额为（　　）万元。
A. 4 000　　B. 1 600　　C. 1 200　　D. 1 000

17. 下列选项中，属于收入要素的是（　　）。
A. 应收账款　　　　　　　　　　　B. 其他应收款
C. 其他业务收入　　　　　　　　　D. 投资收益

18. 下列选项中，属于费用要素的是（　　）。
A. 制造费用　　　　　　　　　　　B. 应付账款
C. 财务费用　　　　　　　　　　　D. 预付账款

19. 下列选项中，属于利润要素的是（　　）。
A. 实收资本　　　　　　　　　　　B. 资本公积
C. 营业外收入　　　　　　　　　　D. 投资收益

20. 设置账户的理论依据是（　　）。
A. 会计对象　　　　　　　　　　　B. 会计要素
C. 会计科目　　　　　　　　　　　D. 会计方程式

21. 会计账户的四个金额要素是（　　）。

A. 期末余额、本期发生额、期初余额、本期余额
B. 期初余额、本期增加发生额、本期减少发生额、期末余额
C. 期初余额、期末余额、本期借方增加额、本期借方减少额
D. 期初余额、本期增加发生额、本期减少发生额、本期发生额

22. 会计科目的实质是（　　）。
A. 反映会计对象的具体内容　　　B. 为设置账户奠定基础
C. 记账的理论依据　　　　　　　D. 是会计要素的进一步分类

23. 总分类科目是依据（　　）进行设置。
A. 企业管理的需要　　　　　　　B. 国家统一的会计制度的规定
C. 会计核算的需要　　　　　　　D. 经济业务的种类

24. 用以反映企业的经济资源的账户是（　　）。
A. 资产类账户　　　　　　　　　B. 负债类账户
C. 所有者权益类账户　　　　　　D. 利润类账户

二、多项选择题

1. 账户中的各项金额包括（　　）。
A. 期初余额　　　　　　　　　　B. 期末余额
C. 本期增加额和本期减少额　　　D. 本期发生额

2. 按照经济内容分类，账户有（　　）。
A. 资产账户　　　　　　　　　　B. 负债类账户
C. 所有者投资账户　　　　　　　D. 成本类和损益类账户

3. 账户的借方登记（　　）。
A. 资产增加　　　　　　　　　　B. 负债增加
C. 负债减少　　　　　　　　　　D. 所有者权益增加

4. 企业计算某账户本期期末余额，要根据以下有关项目内容才能计算出来（　　）。
A. 本期期初余额　　　　　　　　B. 本期增减净额
C. 本期增加发生额　　　　　　　D. 本期减少发生额

5. 在会计工作中，账户的格式设计一般包括以下内容（　　）。
A. 账户的名称　　　　　　　　　B. 日期和摘要
C. 增加和减少的金额与余额　　　D. 凭证字号

6. 账户与会计科目的区别表现在（　　）。
A. 账户和会计科目的经济内容是不一致的
B. 账户有结构，会计科目则无
C. 会计要素的增减变化要在账户中进行登记，而会计科目则不能
D. 账户设置构成了会计核算的方法之一，而会计科目则不能

7. 会计科目的设置应当（　　）。
A. 符合国家经济政策的有关规定
B. 符合会计制度的规定
C. 满足管理者的需要

项目二 会计科目和账户 15

D. 根据行业的不同，会计科目有所区别
8. 账户的贷方表示（　　）。
  A. 收入增加　　　　　　　　　　　　B. 所有者权益减少
  C. 费用减少　　　　　　　　　　　　D. 负债增加
9. 下列各项，属于损益类科目的是（　　）。
  A. 主营业务收入　　　　　　　　　　B. 其他业务收入
  C. 制造费用　　　　　　　　　　　　D. 管理费用
10. 下列说法正确的是（　　）。
  A. 账户的余额一般与记录增加额在同一方向
  B. 损益类账户在期末结转后一般无余额
  C. 成本类账户如有余额，则按负债账户期末余额计算公式计算
  D. 收入类账户如有余额，则按负债账户期末余额计算公式计算
11. 下列账户属于费用要素的有（　　）。
  A. 销售费用　　　　　　　　　　　　B. 管理费用
  C. 生产成本　　　　　　　　　　　　D. 制造费用
12. 下列账户属于所有者权益要素的有（　　）。
  A. 本年利润　　　　　　　　　　　　B. 盈余公积
  C. 实收资本　　　　　　　　　　　　D. 投资收益
13. 下列账户属于资产要素的有（　　）。
  A. 应收账款　　　　　　　　　　　　B. 预付账款
  C. 预收账款　　　　　　　　　　　　D. 资本公积
14. 下列账户属于负债要素的有（　　）。
  A. 预付账款　　　　　　　　　　　　B. 应缴税费
  C. 预收账款　　　　　　　　　　　　D. 利润分配
15. 账户哪一方记增加，哪一方记减少，取决于（　　）。
  A. 业务的性质　　　　　　　　　　　B. 所采用的记账方法
  C. 账户反映的内容　　　　　　　　　D. 会计平衡等式
16. 下列项目中，属于会计科目的有（　　）。
  A. 固定资产　　　　　　　　　　　　B. 运输设备
  C. 材料　　　　　　　　　　　　　　D. 未完工产品
17. 会计科目的数量和粗细程度应根据（　　）而定。
  A. 单位规模大小　　　　　　　　　　B. 管理的需要
  C. 业务的繁简　　　　　　　　　　　D. 利税多少
18. 在正常情况下，下述各类账户有期末余额的是（　　）。
  A. 收入类账户　　　　　　　　　　　B. 资产类账户
  C. 费用类账户　　　　　　　　　　　D. 负债类账户
19. 账户中各项金额的关系可用（　　）表示。
A. 本期期末余额 = 期初余额 + 本期增加发生额 − 本期减少发生额

B. 本期期末余额 + 本期减少发生额 = 期初余额 + 本期增加发生额
C. 增加额 = 减少额
D. 本期期末余额 = 本期期初余额
20. 下列会计科目中属于损益类科目的有（　　）
A. 生产成本　　　　　　　　　　　　B. 主营业务成本
C. 营业外收入　　　　　　　　　　　D. 本年利润

三、判断题

1. 会计账户是以会计科目为名称的，两者反映的内容是一致的。（　　）
2. 账户的借方反映资产和负债及所有者权益的增加，贷方反映资产和负债及所有者权益的减少。（　　）
3. 账户的简单格式分为左右两方，其中：左方登记增加额，右方登记减少额。（　　）
4. 任何明细会计科目都对应着一个总分类会计科目。（　　）
5. 明细会计科目可以根据企业内部管理的需要自行设计。（　　）
6. 一般说来，各类账户的期末余额与记录增加额的一方属同一方向。（　　）
7. 会计科目既是复式记账的基础，又是编制记账凭证的基础。（　　）
8. 在会计核算中，会计科目往往也就是指账户，因为会计科目是根据账户设置的。（　　）
9. 为了保证会计核算指标在同一部门，乃至全国范围内进行综合汇总，所有会计科目及其核算内容都应由国家统一规定。（　　）
10. 会计账户的设置与会计科目的分类密切相关，即根据总分类会计科目和明细分类科目分别设置总分类账户和明细分类账户。（　　）
11. 会计科目是账户的名称，因而也是会计核算方法。（　　）
12. 为了保证核算资料的完整和便于利用，各总分类账户下都必须设置明细分类账户。（　　）
13. 为了全面地反映经济内容，会计科目的设置应越多越好。（　　）
14. 不管是商业还是产品制造企业，因都具有企业性质，故使用的会计科目是一致的。（　　）
15. 所有的账户都是依据会计科目开设的。（　　）

第二部分　业务技能训练

实训一　认识会计科目

一、实训目的

通过实训使学生掌握会计科目的核算内容和类别以及会计科目的级次。

二、实训要求

1. 根据资料（一）（二）列明经济业务所涉及的会计科目名称及类别。
2. 根据资料（三）列明经济业务所涉及的会计科目名称及级次。

三、实训资料

资料（一）：见项目一实训一资料。

资料（二）：红星公司 2011 年 12 月发生下列经济业务：

1. 购入 A 材料一批，价款 50 000 元，货款以银行存款支付，材料已验收入库。
2. 收到东方公司所欠货款 20 000 元，存入银行。
3. 收到国家投入全新机器设备一台，价值 40 000 元。
4. 以银行存款 10 000 元归还到期的半年期银行借款。
5. 从银行提取现金 100 000 元备发工资。
6. 经批准，将盈余公积 3 000 元转增资本。
7. 以现金偿还前欠货款 800 元。
8. 生产产品领用原材料 1 000 元。

资料（三）：某公司本月发生如下业务：

1. 购入生产用钢材，A 型钢 10 吨，单价 3 000 元；B 型钢 5 吨，单价 5 000 元。
2. 生产产品完工入库，其中生产甲产品 100 件，单位成本 2 000 元；生产乙产品 200 件，单位成本 2 500 元。
3. 在采购过程中因资金紧张，货款未付，其中欠付长江公司货款 25 000 元，欠付黄河公司货款 40 000 元。

实训二 认识会计账户

一、实训目的

通过实训使学生掌握会计账户的基本结构以及会计账户中相关指标之间的关系。

二、实训要求

1. 根据资料（一），开设"银行存款"T型账户，以左方记录增加额，以右方记录减少额，将所发生经济业务登入该账户，并计算2012年2月末"银行存款"账户的期末余额。
2. 根据资料（二），开设"应付账款"T型账户，以贷方记录增加额，以左方记录减少额，将所发生经济业务登入该账户，并计算2012年6月末"应付账款"账户的期末余额。
3. 根据资料（三），计算空格中数字。

三、实训资料

资料（一）：2012年2月1日科宏公司"银行存款"账户的期初余额为30 000元，2月份该公司发生的存款收支经济业务如下：

1. 3日，向银行送存现金40 000元。
2. 5日，用银行存款支付采购材料价款28 000元。
3. 8日，从银行提取现金20 000元，备发工资。
4. 12日，销售产品一批，价款50 000元存入银行。
5. 25日，银行支付第二季度存款利息50元。
6. 28日，用银行存款支付水电费3 800元。

资料（二）：2012年6月1日科宏公司"应付账款"账户的期初余额为40 000元，6月份该公司发生的经济业务如下：

1. 1日，购入生产用A钢材，货款45 000元暂欠。
2. 6日，归还前欠供应单位部分货款22 000元。
3. 15日，购入生产中机器设备价款185 000元，其中100 000元用银行存款支付，剩余部分暂欠。
4. 20日，归还A钢材欠款45 000元。
5. 25日，购入生产用B钢材，货款50 000元尚未支付。

资料（三）：纪元公司2012年3月份部分账户资料如下：

单位：元

账户名称	期初余额	本期增加发生额	本期减少发生额	期末余额
库存现金	800	400		300
银行存款		30 000	20 000	50 000
应收账款	5 000		2 000	4 000
应付账款	4 500	2 400	2 600	
实收资本		12 500	3 000	48 500
固定资产	34 000	12 000		36 000
原材料	4 600	28 000		5 200
应付职工新薪酬	3 000		3 400	3 100

项目三 会计记账的方法——复式记账

第一部分 基础知识训练

一、单项选择题

1. 企业所拥有的资产从财产权利归属来看，一部分属于所有者，另一部分属于（　　）。
   A. 企业职工 B. 债权人
   C. 债务人 D. 企业法人
2. 一个企业的资产总额与权益总额（　　）。
   A. 必然相等 B. 有时相等
   C. 不会相等 D. 只有在期末时相等
3. 下列账户中，期末无余额的是（　　）。
   A. 实收资本 B. 应付账款
   C. 固定资产 D. 管理费用
4. 会计恒等式是（　　）。
   A. 资产 = 负债 B. 资产 = 流动负债
   C. 资产 – 负债 = 所有者权益 D. 资产 = 所有者权益
5. "资产 = 负债 + 所有者权益"不是（　　）。
   A. 设置账户的理论依据
   B. 复式记账的理论依据
   C. 编制资产负债表的理论依据
   D. 总分类账户与明细分类账户平行登记的理论依据
6. 一项资产增加、负债增加的经济业务发生后，都会使资产与权益原来的总额（　　）。
   A. 发生同增的变动 B. 发生同减的变动
   C. 不会变动 D. 发生不等额的变动
7. 某企业刚刚建立时，权益总额为 80 万元，现发生一笔以银行存款 10 万元偿还银行借款的经济业务，此时，该企业的资产总额为（　　）。
   A. 80 万元 B. 90 万元
   C. 100 万元 D. 70 万元
8. 企业本月发生的电话费尚未支付的经济业务，属于（　　）的变化业务。
   A. 收入发生引起资产增加 B. 收入发生引起负债减少

C. 费用发生引起资产减少　　　　　　　D. 费用发生引起负债增加

9. 企业销售产品取得收入，款项存入银行的业务，属于（　　）的变化业务。
   A. 收入发生引起资产增加　　　　　　B. 收入发生引起负债减少
   C. 费用发生引起资产减少　　　　　　D. 费用发生引起负债增加

10. 下列经济业务发生不会使会计恒等式两边总额发生变化的是（　　）。
    A. 用银行存款支付购料欠款　　　　　B. 从银行提取现金
    C. 从银行取得借款存入银行　　　　　D. 收到预收账款存入银行

11. 引起资产内部一个项目增加，另一个项目减少，而资产总额不变的经济业务是（　　）。
    A. 用银行存款偿还短期借款　　　　　B. 收到投资者投入的机器一台
    C. 收到外单位前欠货款　　　　　　　D. 收到国家拨入特种储备物资

12. 企业从银行取得借款直接偿还应付购货款，引起该企业（　　）。
    A. 资产项目之间此增彼减　　　　　　B. 权益项目之间此增彼减
    C. 资产项目和权益项目同增　　　　　D. 资产项目和权益项目同减

13. 下列经济业务中，会引起负债减少，同时所有者权益增加的是（　　）。
    A. 以银行存款偿还欠款　　　　　　　B. 所有者投入资本偿还借款
    C. 用赊购方式购入原料　　　　　　　D. 向银行借款存入银行

14. 接受投资后，会引起（　　）。
    A. 资产增加，所有者权益减少　　　　B. 资产增加，所有者权益增加
    C. 资产减少，负债增加　　　　　　　D. 资产增加，负债减少

15. 某企业资产总额为 300 万元，当发生两笔经济业务①向银行借款 20 万元存入银行；②用银行存款偿还应付账款 30 万元，之后其权益总计为（　　）。
    A. 290 万元　　　B. 350 万元　　　C. 310 万元　　　D. 250 万元

16. 某企业期初资产总额为 200 000 元，期末负债总额比期初减少 20 000 元，所有者权益比期初增加 60 000 元，则该企业期末资产总额是（　　）。
    A. 180 000 元　　B. 260 000 元　　C. 200 000 元　　D. 240 000 元

17. 在借贷记账法下，资产类账户的期末余额一般在（　　）。
    A. 借方　　　　　B. 增加方　　　　C. 贷方　　　　　D. 减少方

18. 借贷记账法的记账符号"借"字，表示（　　）。
    A. 增加　　　　　B. 减少　　　　　C. 账户方向　　　D. 借款

19. 借贷记账法试算平衡的依据是（　　）。
    A. 资金运动变化规律　　　　　　　　B. 会计等式平衡原理
    C. 会计账户基本结构　　　　　　　　D. 平行登记基本原理

20. 下列关于复式记账法的说法中，正确的是（　　）。
    A. 经济业务发生只在一个账户中登记
    B. 经济业务发生在两个账户中登记
    C. 经济业务发生在两个或两个以上的相关账户中登记
    D. 经济业务发生在相关账户中登记

21. 甲公司与乙公司联营期满，甲公司以固定资产退还乙公司部分投资。这笔经济业务导致甲公司（　　）。
    A. 资产项目与权益项目同时增加　　B. 资产项目与权益项目同时减少
    C. 资产项目之间此增彼减　　　　　D. 权益项目之间此增彼减
22. 发生额和余额试算平衡表经试算如果相等（　　）。
    A. 说明记账是正确无误的　　　　　B. 一般来说记账是正确的
    C. 肯定记账有错误　　　　　　　　D. 肯定记账无错误
23. 在借贷记账法下，余额试算平衡法的平衡公式是（　　）。
    A. 全部总分类账户借方发生额合计＝全部总分类贷方发生额合计
    B. 全部总分类账户借方期初余额合计＝全部总分类账户借方期末余额合计
    C. 全部总分类账户借方期末余额合计＝全部总分类账户贷方期末余额合计
    D. 全部总分类账户贷方期初余额合计＝全部总分类账户贷方期末余额合计
24. 在编制"全部总分类账户发生额及余额试算平衡表"中，若出现三组平衡数字，则（　　）。
    A. 全部总账中记录一定正确
    B. 全部总账账户记录也不能肯定无错
    C. 全部明细分类账户记录一定正确
    D. 全部明细分类账户记录也不能肯定无错
25. 下列错误中能够通过试算平衡查找的是（　　）。
    A. 借贷方向相反　　　　　　　　　B. 漏记经济业务
    C. 借贷金额不相等　　　　　　　　D. 重记经济业务
26. 我国《企业会计准则》规定，（　　）为企业唯一的记账方法。
    A. 增减记账法　　　　　　　　　　B. 收付记账法
    C. 借贷记账法　　　　　　　　　　D. 复式记账法
27. 会计分录的三要素不包括（　　）。
    A. 经济业务的名称　　　　　　　　B. 会计科目
    C. 记账符号　　　　　　　　　　　D. 金额

二、多项选择题

1. 下列会计恒等式中正确的有（　　）。
   A. 资产＝权益
   B. 资产＝负债＋所有者权益
   C. 资产－负债＝所有者权益
   D. 资产＝负债＋所有者权益＋（收入－费用）
2. 基本会计恒等式反映了（　　）。
   A. 收入、费用、利润要素之间的数量关系
   B. 各种资产之间的关系
   C. 资产、负债、所有者权益要素之间的数学关系
   D. 企业资产的归属关系

3. 下列经济业务中，同时涉及"资产＝负债＋所有者权益"会计恒等式两边的经济业务的有（　　）。
   A. 收到投资者投入资本　　　　　　B. 支付欠款
   C. 收回外单位欠款　　　　　　　　D. 收到捐款
4. 目前，世界各国普遍采用的记账方法是（　　）。
   A. 单式记账法　　　　　　　　　　B. 复式记账法
   C. 借贷记账法　　　　　　　　　　D. 增减记账法
5. 下列经济业务会引起权益方某项目增加，而另一项目减少的有（　　）。
   A. 向银行借入短期借款，直接偿还应付账款
   B. 将资本公积金转增资本
   C. 将固定资产对外进行投资
   D. 收回短期投资
6. 下列经济业务发生后，会引起会计恒等式左右两边同时增加的有（　　）。
   A. 收到预收销货款存入银行　　　　B. 赊购原材料
   C. 接受投资　　　　　　　　　　　D. 从银行提取现金
7. 复式记账法是指对发生的每一笔经济业务都要（　　）进行登记的一种记账方法。
   A. 在同一会计期间内
   B. 以相等的金额
   C. 在相互联系的两个或两个以上的账户中
   D. 同时
8. 在借贷记账法下，账户的贷方登记的内容有（　　）。
   A. 资产及费用的减少　　　　　　　B. 收入及利润的增加
   C. 负债及所有者权益的增加　　　　D. 负债及所有者权益的减少
9. 在借贷记账法下，期末结账后，一般有余额的账户有（　　）。
   A. 资产类账户　　　　　　　　　　B. 收入类账户
   C. 负债类账户　　　　　　　　　　D. 费用类账户
10. 总账和明细账之间的登记应该做到（　　）。
    A. 登记的原始依据相同　　　　　　B. 登记的方向相同
    C. 登记的金额相同　　　　　　　　D. 登记的时间相同
11. 总分类账户和所属明细分类账户的关系是（　　）。
    A. 两者反映的经济内容相同
    B. 两者登记的原始依据相同
    C. 两者反映的经济内容的详细程度不一样
    D. 两者的余额相等
12. 难以通过试算平衡发现的错误有（　　）。
    A. 漏记或重记同一经济业务
    B. 借贷双方多记或少记了相同的金额
    C. 应借应贷科目写错或借贷方向弄反

D. 借贷双方一方多记，另一方少记

13. 在借贷记账法下，用来进行试算平衡的公式有（　　）。
   A. 资产类账户借方发生额合计＝负债类账户贷方发生额合计
   B. 全部账户借方发生额合计＝全部账户贷方发生额合计
   C. 全部账户借方余额合计＝全部账户贷方余额合计
   D. 全部账户借方余额合计＝全部账户借方发生额合计

14. 发生额及余额试算平衡表中存在三对相等数字，它们是（　　）。
   A. 期初借方余额合计＝期初贷方余额合计
   B. 本期借方发生额合计＝本期贷方发生额合计
   C. 期初借方余额合计＝期末贷方余额合计
   D. 期末借方余额合计＝期末贷方余额合计

15. 下列各项记账差错中，运用试算平衡法可查出错误的有（　　）。
   A. 过账时误将某账户发生额过入另一账户的同一方向
   B. 某一账户借方或贷方本期发生额的计算有误
   C. 一笔经济业务只登记借方金额，未登记贷方金额
   D. 过账时误将某一方向发生额的金额大小记错

16. 复式记账法的主要特点是（　　）。
   A. 可以反映每一笔经济业务的来龙去脉
   B. 可以反映账户之间的平衡关系
   C. 可以便于检查账户记录的正确性
   D. 可以便于检查账户记录的完整性

17. 下列各项能反映财务成果账户的是（　　）。
   A. 本年利润　　　　　　　　　　B. 所得税
   C. 财务费用　　　　　　　　　　D. 主营业务收入

18. 企业筹集资金可以通过两种渠道，分别是（　　）。
   A. 接受捐赠　　　　　　　　　　B. 接受投资
   C. 借入款项　　　　　　　　　　D. 销售商品

三、判断题

1. 会计恒等式是复式记账法的理论依据，也可以说它是会计要素之间数量关系的体现。
（　　）

2. 资产、负债与所有者权益的平衡关系反映的是企业资金静态要素间的关系，如考虑收入、费用等动态要素，则资产与权益总额的平衡关系必然被破坏。（　　）

3. 资产＝负债＋所有者权益，是静态的会计恒等式，而动态的会计恒等式则是：资产＝负债＋所有者权益＋（收入－费用）。（　　）

4. 无论发生什么经济业务，会计恒等式始终保持平衡关系。（　　）

5. 企业接受一批捐赠物资，计价10万元。该项经济业务会引起收入增加，权益增加。
（　　）

6. 企业以存款购买设备，该项业务会引起会计恒等式左右两方会计要素发生一增一减的

变化。( )
7. 企业收到某单位还来欠款1万元。该项经济业务会引起会计恒等式左右两方会计要素发生同时增加的变化。( )
8. 在借贷记账法下，全部账户本期借方发生额合计等于贷方发生额合计，则记账工作肯定没有错误。( )
9. 一般来说，各类账户的期末余额与记录增加额的一方都在同一方向。( )
10. 复式记账法下，账户记录的结果可以反映每一项经济业务的来龙去脉。( )
11. 借贷记账法的发生额试算法，是以借贷记账法的记账规则为依据的。( )
12. 企业取得收入和发生费用，最终会导致所有者权益发生变化。因此，收入的增加可以视同所有者权益增加，而费用的增加则可以视同所有者权益减少。( )
13. 每个账户的期初余额只能在账户的一方，即借方或贷方，即使是双重性质的账户也是如此。( )
14. 借贷记账法的记账规则规定："借贷必相等"。因此，复合会计分录中每个账户金额也必然相等。( )
15. 在借贷记账法下，账户用哪一方登记增加或减少取决于账户性质。( )
16. 虽然总账与明细账是平行登记的，但并不一定是同时登记，也并不完全是同方向登记。( )
17. "有借必有贷，借贷必相等"是借贷记账法的记账规则。( )
18. 平行登记要点中的"同依据"指的是依据相同的经济业务。( )
19. 平行登记是指经济业务发生后，根据会计凭证，一方面要登记有关的总分类账户，另一方面要登记该总分类账户所属的各明细分类账户。( )
20. 如果定期汇总的全部账户记录平衡，说明账户金额记录完全正确。( )
21. 凡是余额在借方的都是资产类账户。( )
22. 费用类账户一般没有余额，如有应在借方。( )
23. 账户期末借方发生额合计数与贷方发生额合计数相等。( )
24. 复式记账法是对每一笔经济业务，都要在两个或两个以上的账户进行登记。( )
25. 在借贷记账法下，"借"、"贷"只作为记账符号使用，用以表明记账方向。( )
26. 一般来说，一个复合会计分录可以分解为若干个简单会计分录。( )
27. 在会计处理中，只能编制一借一贷、一借多贷、一贷多借的会计分录，而不能编制多借多贷的会计分录，以避免对应关系混乱。( )
28. 累计折旧是资产类账户，故计提折旧应记入该账户的借方。( )
29. 对于借贷记账法，实际工作中的简便方法为：方向相同相减，方向相反相加，结果为余额，并放在多的一方。( )
30. 长期待摊费用账户的余额在账户的借方。( )

第二部分 业务技能训练

实训一 借贷记账法的账户结构

一、实训目的

通过实训使学生掌握借贷记账法下会计账户的基本结构以及会计账户中期初余额、本期发生额和期末余额相关指标之间的关系。

二、实训要求

根据实训资料，计算并填列表中括号内的数字。

三、实训资料

凤顺公司 2011 年 12 月 31 日有关账户的部分资料见下表。

单位：元

账户名称	期初余额 借方	期初余额 贷方	本期发生额 借方	本期发生额 贷方	期末余额 借方	期末余额 贷方
固定资产	800 000		440 000	20 000	（ ）	
银行存款	120 000		（ ）	160 000	180 000	
应付账款		160 000	140 000	120 000		（ ）
短期借款		90 000	（ ）	20 000		60 000
应收账款	（ ）		60 000	100 000	40 000	
实收资本		700 000	—	（ ）		1 240 000
其他应收款		50 000	50 000	—		（ ）

实训二 经济业务对会计等式的影响

一、实训目的

通过实训使学生掌握经济业务发生对会计等式影响的类型及其结果。

二、实训要求

1. 根据资料（一）发生的经济业务，分析说明经济业务发生引起了哪些会计要素变化，金额是多少？对会计恒等式的影响如何？

2. 根据资料（二）发生的经济业务，说明经济业务对会计要素的影响并计算 6 月末财东公司的资产总额、负债总额和所有者权益总额。

三、实训资料

资料（一）万达公司 2012 年 3 月份发生如下经济业务：
1. 收到应收账款 5 000 元，存入银行。
2. 向银行取得借款 40 000 元，直接偿付应付账款。
3. 将盈余公积金 3 000 元转为实收资本。
4. 购入材料一批 4 500 元，已验收入库，货款未付。
5. 企业接受投资货币资金 31 000 元，存入银行。
6. 出售产品收入 1 800 元存入银行。
7. 应付投资者利润 40 000 元，用银行存款支付。
8. 以银行存款 2 500 元，偿还短期借款。

资料（二）：财东公司 2012 年 5 月 31 日的资产负债表显示资产总计 375 000 元，负债总计 112 000 元，该公司 2012 年 6 月发生如下经济业务：
1. 用银行存款购入全新机器一台，价值 30 000 元。
2. 投资人投入原材料，价值 10 000 元。
3. 以银行存款偿还所欠供应单位账款 5 000 元。
4. 收到供应单位所欠账款 8 000 元，存入银行。
5. 将一笔长期负债 50 000 元转为对企业的投资。
6. 按规定将 20 000 元资本公积金转为实收资本。

实训三　总分类账户和明细分类账户的平行登记

一、实训目的

通过实训使学生掌握总分类账户和明细分类账户平行登记的要点和平行登记的结果，明确总分类账户和明细分类账户之间的关系。

二、实训要求

1. 根据所给经济业务编制会计分录。
2. 开设并登记"原材料"、"应付账款"和"生产成本"总分类账户和明细分类账户（可以以 T 型账户代替）。
3. 编制"总分类账户与明细分类账发生额及余额试算表"。

三、实训资料

某企业本月初有关账户的余额如下：

原材料	8 000 元
其中：原材料——H 材料	6 000 元
原材料——Y 材料	2 000 元
应付账款	50 000 元
其中：应付账款——东华机械厂	30 000 元
应付账款——贸发材料公司	20 000 元

该企业本月发生如下经济业务：

1. 从东华机械厂购入设备两台，价值 50 000 元，货款尚未支付。

2. 从贸发材料公司购入材料一批，计 18 000 元。其中 H 材料 10 000 元，Y 材料 8 000 元。H 材料货款已用银行存款支付，Y 材料货款尚未支付。

3. 用银行存款偿还东华机械厂设备款 60 000 元。

4. 用银行存款偿还贸发材料公司材料款 28 000 元。

5. 发出 H 材料 8 000 元，Y 材料 6 000 元用于 A 产品生产。

项目四　制造企业主要经济业务的核算

第一部分　基础知识训练

一、单项选择题

1. "实收资本"或"股本"账户，应属于企业的（　　）账户。
   A. 资产类　　　　　　　　　　　　　B. 负债类
   C. 收入类　　　　　　　　　　　　　D. 所有者权益类
2. （　　）账户的贷方发生额反映固定资产因磨损而减少的价值。
   A. 固定资产　　　　　　　　　　　　B. 财务费用
   C. 累计折旧　　　　　　　　　　　　D. 管理费用
3. 应收账款账户的期初余额为借方 20 000 元，本期借方发生额 10 000 元，本期贷方发生额 80 000 元，该账户的期末余额为（　　）。
   A. 借方 30 000 元　　　　　　　　　 B. 贷方 80 000 元
   C. 借方 50 000 元　　　　　　　　　 D. 贷方 50 000 元
4. 在下列项目中（　　）属于营业外收入。
   A. 销售材料的收入　　　　　　　　　B. 转让无形资产的收入
   C. 销售产品的收入　　　　　　　　　D. 出租固定资产的租金收入
5. 企业计提的短期借款利息费用的账务处理应为（　　）。
   A. 借记"财务费用"账户，贷记"短期借款"账户
   B. 借记"财务费用"账户，贷记"银行存款"账户
   C. 借记"财务费用"账户，贷记"应付利息"账户
   D. 借记"财务费用"账户，贷记"应收利息"账户
6. 当企业收到投资者投入的存货时，应按其实际成本，借记有关存货账户，贷记（　　）账户。
   A. "实收资本"　　　　　　　　　　　B. "资本公积"
   C. "盈余公积"　　　　　　　　　　　D. "营业外收入"
7. 为产品生产而领用材料的实际成本，应记入（　　）账户的借方。
   A. "生产成本"　　　　　　　　　　　B. "制造费用"
   C. "管理费用"　　　　　　　　　　　D. "销售费用"
8. 生产车间发生的直接费用，应记入（　　）账户。

A. "生产成本" B. "制造费用"
C. "管理费用" D. "销售费用"

9. 企业为扩大销售市场发生的业务招待费，应计入（　　）。
   A. 管理费用 B. 营业外支出
   C. 销售费用 D. 其他业务支出

10. 下列费用中属于期间费用的是（　　）。
    A. 直接材料费用 B. 制造费用
    C. 银行手续费 D. 直接人工费用

11. 应计入产品成本的费用中，不能分清应由何种产品负担的费用应（　　）。
    A. 作为管理费用处理
    B. 直接计入当期损益
    C. 作为制造费用处理，期末再通过分配计入产品成本
    D. 直接计入产品成本

12. 用转账支票购买办公用品500元，其会计分录为（　　）。
    A. 借记"管理费用"账户，贷记"库存现金"账户
    B. 借记"库存商品"账户，贷记"银行存款"账户
    C. 借记"管理费用"账户，贷记"银行存款"账户
    D. 借记"银行存款"账户，贷记"管理费用"账户

13. 下列各项中不符合收入定义的是（　　）。
    A. 提供设备安装服务取得的劳务收入
    B. 出售多余原材料取得的收入
    C. 出售生产设备取得的利得
    D. 出租生产设备取得的租金收入

二、多项选择题

1. 工业企业设置的产品成本项目是（　　）。
   A. 原材料 B. 制造费用
   C. 工资及福利费 D. 折旧费

2. 生产成本的借方登记（　　）。
   A. 折旧费 B. 直接材料
   C. 直接工资 D. 计入的制造费用

3. 企业核算期间费用的账户有（　　）。
   A. 制造费用 B. 财务费用
   C. 销售费用 D. 管理费用

4. 材料的实际采购成本包括（　　）。
   A. 买价 B. 增值税
   C. 采购费用 D. 入库后的保管费用

5. 在制造成本法下，产品成本项目有（　　）。
   A. 直接材料 B. 制造费用

C. 直接人工　　　　　　　　　　　D. 管理费用
6. 下列项目中属于销售收入确认条件的有（　　）。
   A. 企业已将商品所有权上的主要风险和报酬转给购货方。
   B. 企业既没有保留通常与所有权相联系的继续管理权，也没有对已售出的商品实施控制。
   C. 与经济交易相关的经济利益能够流入企业。
   D. 相关的收入和成本能够可靠地计量。
7. 下列应记入"销售费用"账户借方的有（　　）。
   A. 包装费　　　　　　　　　　　　B. 展览费
   C. 广告费　　　　　　　　　　　　D. 销售机构人员的工资
8. 期末结转损益类账户时，"本年利润"账户贷方的对应账户分别为（　　）。
   A. 主营业务收入　　　　　　　　　B. 主营业务成本
   C. 其他业务收入　　　　　　　　　D. 营业税金及附加
9. 按投资主体不同，企业的资本金可以分为（　　）。
   A. 国家资本金　　　　　　　　　　B. 法人资本金
   C. 个人资本金　　　　　　　　　　D 外商资本金
10. 企业可以接受投资者以（　　）等形式进行的投资。
    A. 货币资金　　　　　　　　　　　B. 有价证券
    C. 实物资产　　　　　　　　　　　D 无形资产
11. 减少企业资本的核算，可能涉及的账户有（　　）。
    A. 货币资金　　　　　　　　　　　B. 银行存款
    C. 实收资本　　　　　　　　　　　D. 资本公积
12. 当偿还企业债务时，会引起（　　）要素发生增减变化。
    A. 资产　　　　　　　　　　　　　B. 负债
    C. 所有者权益　　　　　　　　　　D. 利润
13. 向投资者分配利润时，会引起（　　）要素发生增减变化。
    A. 资产　　　　　　　　　　　　　B. 负债
    C. 所有者权益　　　　　　　　　　D. 利润
14. 下列各项经济业务中，属于资金筹集业务的是（　　）。
    A. 赊购原材料　　　　　　　　　　B. 发行公司债券
    C. 向金融机构借款　　　　　　　　D. 收回应收账款
15. 下列各项经济业务中，属于资金退出业务的是（　　）。
    A. 支付应付账款　　　　　　　　　B. 偿还到期的应付债券
    C. 支付材料款　　　　　　　　　　D. 支付差旅费
16. 外购存货的采购成本，包括（　　）。
    A. 买价　　　　　　　　　　　　　B. 采购费用价
    C. 非常损失　　　　　　　　　　　D. 入库后的保管费
17. 存货采购费用的分配标准，可以是（　　）。
    A. 外购存货的重量　　　　　　　　B. 外购存货的买价

C. 外购存货的生产工时　　　　　　　　D. 外购存货的人工费用

18. 下列费用中，属于生产车间间接费用的有（　　）。
A. 为制造产品领用的材料　　　　　　B. 车间修理设备领用的材料
C. 车间管理人员工资　　　　　　　　D. 生产产品工人的工资

19. 生产成本明细账中的成本项目一般设置（　　）。
A. 直接材料　　　　　　　　　　　　B. 直接人工
C. 制造费用　　　　　　　　　　　　D. 管理费用

20. 材料发出的核算，可能涉及（　　）账户。
A. 原材料　　　　　　　　　　　　　B. 物资采购
C. 生产成本　　　　　　　　　　　　D. 制造费用

21. 工资分配核算时，可能涉及（　　）账户。
A. 生产成本　　　　　　　　　　　　B. 管理费用
C. 应付职工薪酬　　　　　　　　　　D. 制造费用

22. 制造费用分配方法主要有（　　）。
A. 按生产工人工资分配　　　　　　　B. 按生产工人工时分配
C. 按机器工时分配　　　　　　　　　D. 按耗用原材料的数量或成本分配

23. 下列费用中不属于管理费用列支范围的是（　　）。
A. 技术转让费　　　　　　　　　　　B. 无形资产摊销费
C. 坏账损失　　　　　　　　　　　　D. 无形资产转让费用

24. 下列费用中属于管理费用开支范围的有（　　）。
A. 离退休职工的价格补贴　　　　　　B. 职工退休金
C. 待业保险费　　　　　　　　　　　D. 抚恤金

25. 下列费用中，应作为销售费用处理的有（　　）。
A. 非专设销售机构销售人员工资　　　B. 销售产品运输费用
C. 融资租赁设备支出　　　　　　　　D. 专设销售机构费用

26. 下列费用，应作为期间费用核算的有（　　）。
A. 车间机器设备的修理费用　　　　　B. 企业行政管理部门设备折旧费用
C. 工会经费和公司经费　　　　　　　D. 劳动保险费

27. 在结转损益时，下列账户中应将余额转入"本年利润"账户的是（　　）。
A. 制造费用　　　　　　　　　　　　B. 销售费用
C. 管理费用　　　　　　　　　　　　D. 财务费用

28. 收入可表现为（　　）。
A. 资产的增加　　　　　　　　　　　B. 费用的减少
C. 负债的减少　　　　　　　　　　　D. 代收款的增加

29. 下列项目中，属于企业营业外收入的是（　　）。
A. 罚款收入　　　　　　　　　　　　B. 出售固定资产收入
C. 转让无形资产收入　　　　　　　　D. 销售材料收入

30. 下列各项不应确认为收入的交易或事项是（　　）。

A. 代购商品所收到的款项　　　　　　B. 罚款收入
C. 补贴收入　　　　　　　　　　　　D. 出售固定资产收入

31. 企业预收货款时，应借记（　　）账户，贷记（　　）账户。
A. "银行存款"　　　　　　　　　　　B. "预收账款"
C. "主营业务收入"　　　　　　　　　D. "应缴税费——应缴增值税（销项税额）"

32. 企业的利润总额，包括（　　）。
A. 营业利润　　　　　　　　　　　　B. 投资收益
C. 营业外收入　　　　　　　　　　　D. 营业外支出

33. 下列项目中属于其他业务收入的是（　　）。
A. 处置无形资产净收益　　　　　　　B. 销售材料收入
C. 提供劳务收入　　　　　　　　　　D. 固定资产盘盈

34. 下列项目中属于营业外支出的是（　　）。
A. 存货资产的盘亏　　　　　　　　　B. 固定资产的盘亏
C. 捐赠支出　　　　　　　　　　　　D. 非常损失

35. 在结转损益时，下列账户中应将余额转入"本年利润"账户的是（　　）。
A. 主营业务收入　　　　　　　　　　B. 营业外收入
C. 制造费用　　　　　　　　　　　　D. 财务费用

36. 通过"营业税金及附加"账户核算的税金有（　　）。
A. 增值税　　　　　　　　　　　　　B. 营业税
C. 消费税　　　　　　　　　　　　　D. 城市维护建设税

37. 年末结转后，"利润分配"账户各明细账中没有余额的是（　　）
A. 提取法定盈余公积　　　　　　　　B. 提取法定公益金
C. 应付普通股股利　　　　　　　　　D. 未分配利润

三、判断题

1. 凡支出的效益仅限于一个会计期的应作为资本性支出。（　　）
2. 某会计期间发生的费用就是该期间产品的成本。（　　）
3. 企业可以根据自身的特点，在"直接材料"、"直接人工"和"制造费用"之外，另设置其他成本项目。（　　）
4. 直接材料和直接人工都是直接费用。（　　）
5. 产品成本项目是生产费用按其经济内容所做的分类。（　　）
6. 资金筹集是企业资金运动的起点，而资金退出则是企业资金运动的终点。（　　）
7. 设立企业必须拥有一定数额的资本金，但企业设立后投资者投入的资本金可随时抽回。（　　）
8. 一般来说，股份有限公司设"股本"账户，非股份有限公司设"实收资本"账户，核算企业实际收到的投资者投入的资本金。（　　）
9. 企业收到的投资者投入的资本，超过其在注册资本中所占的份额部分，应确认为企业的实收资本或股本。（　　）
10. 短期借款的利息支出和长期借款的利息支出的性质是一样的，都是在筹集资金过程中

发生的费用，因此，该项支出均应计入企业的财务费用。（   ）
  11. 资金退出业务的发生，必将引起企业的资产和负债或所有者权益同时减少。（   ）
  12. 企业的利润分配业务均属于资金退出业务。（   ）
  13. 凡是企业在日常生产经营过程中持有的以备出售、消耗的材料或物资等，都是企业的存货。（   ）
  14. 企业外购存货的采购成本，均包括增值税、关税和消费税等。（   ）
  15. 期末"应付账款"账户若为借方余额，则反映为企业的预付账款金额；期末"预付账款"账户若为贷方余额，则为企业的应付账款金额。（   ）
  16. 预付货款购入存货时，企业应以预付货款的时间作为外购存货的入账时间。（   ）
  17. 存货采购费用属于存货采购成本中的间接成本，因此均需要通过分摊计入存货的采购成本。（   ）
  18. 存货采购费用的分摊依据可以是存货的买价、重量或体积等。（   ）
  19. 存货的计价总是在一定的成本假设下进行的，即按照不同的成本流转顺序确定发出存货和结存存货的实际成本。（   ）
  20. 发出存货的实际成本，应根据该存货的具体用途从有关的存货账户转入相应的成本费用账户。（   ）
  21. 企业生产部门领用的存货，应按该存货的实际成本记入相应的生产成本账户。（   ）
  22. 企业经营管理部门领用的存货，应按该存货的实际成本记入相应的期间费用账户。（   ）
  23. 生产费用与生产成本一样都是一定时期内企业生产经营过程中所发生的各种耗费。（   ）
  24. 直接材料费用，包括企业在生产经营过程中发生的各项原材料的耗费。（   ）
  25. "生产成本"账户的期末借方余额，表现为期末在产品的实际成本。（   ）
  26. 期末应将"制造费用"账户所归集的制造费用分配记入有关的成本计算对象，因此，该账户期末一律无余额。（   ）
  27. 企业发生的工资和福利费，应根据人员的性质分别记入各有关的成本费用账户。（   ）
  28. 车间管理人员的工资应计入企业的管理费用。（   ）
  29. 销售费用，是企业在生产经营过程中发生的与销售活动有关的费用。（   ）
  30. 各期间费用账户在期末结转后均无余额。（   ）
  31. 期间费用明细账，一般按费用的项目设置。（   ）
  32. 企业的生产车间为组织和管理生产而发生的各项费用，均应计入企业的管理费用。（   ）
  33. 企业行政管理部门领用的材料成本应计入企业的管理费用。（   ）
  34. 销售费用、管理费用、财务费用等均应以实际发生额入账。（   ）
  35. 企业生产车间计提的固定资产折旧费用，应计入企业的管理费用核算。（   ）
  36. 企业发生的与资金筹集有关的费用，均应计入企业的财务费用。（   ）
  37. 企业发生的银行结算手续费，应计入企业的财务费用。（   ）

38. 企业取得的存款利息，可作为企业的其他业务收入入账。　　　　　　（　）
39. 企业当期发生的期间费用，均应于期末转入"本年利润"账户。　　　（　）
40. 收入是指企业在日常活动中形成的经济利益总流入，包括主营业务收入、其他业务收入及营业外收入等。　　　　　　　　　　　　　　　　　　　　　　　　（　）
41. 工商企业的商品销售收入应属于企业的主营业务收入。　　　　　　　（　）
42. "预收账款"账户期末余额在借方时，应为企业的应收账款。　　　　（　）
43. 投资收益在数量上表现为投资收益与投资损失的差额。　　　　　　　（　）
44. 其他业务收入与主营业务收入的确认原则不同，有其特殊性。　　　　（　）
45. 企业实际缴纳的增值税、消费税和营业税等均应记入"营业务税金及附加"账户。
　　　　　　　　　　　　　　　　　　　　　　　　　　　　　　　　（　）
46. 企业的利润总额是指企业的营业利润加投资收益加营业外收支净额减所得税后的金额。　　　　　　　　　　　　　　　　　　　　　　　　　　　　　　　　（　）

第二部分 业务技能训练

实训一 资金筹集的核算

一、实训目的

通过实训使学生了解企业筹集资金的渠道,掌握资金筹集业务的核算内容和核算方法。

二、实训要求

根据所给经济业务编制会计分录。

三、实训资料

蓝天公司2011年8月份发生如下经济业务。
1. 蓝天公司收到国家投入的货币资金500 000元存入银行。
2. 信元公司以不需要的机器设备一台作为对蓝天公司的投资,双方作价200 000元。该设备原账面价值250 000元,已提折旧80 000元。
3. 华中公司以专利一项对蓝天公司投资,双方作价150 000元。
4. 蓝天公司向银行取得为期8个月借款120 000元,款项已转存银行。
5. 蓝天公司向银行取得为期3年的借款250 000元,款项已转存银行。
6. 蓝天公司计提本月的短期借款利息2 000元,长期借款利息5 000元。(不符合资本化条件)
7. 蓝天公司以银行存款7 500元支付短期借款利息,已知以前各月已预提利息费用共计5 000元。
8. 蓝天公司以银行存款归还到期的短期借款500 000元,长期借款本息450 000元。

实训二 供应过程的核算

一、实训目的

通过实训使学生熟悉采购成本的构成内容,掌握供应过程中材料的采购及入库业务的核算内容和核算方法。

二、实训要求

1. 编制材料采购成本计算表。
2. 根据实训资料编制会计分录。

三、实训资料

1. 永昌公司 2011 年 10 月份购入下列材料，用银行存款支付价款 11 000 元和增值税专用发票上的税款 1 870 元，材料未到。

品种	体积	重量	买价
甲材料	100 立方米	1 000 千克	3 000 元
乙材料	200 立方米	4 000 千克	8 000 元

2. 以银行存款支付甲、乙材料的运杂费 2 700 元，按材料的重量分配比例分配该项采购费用。（不考虑增值税因素，下同）

3. 华泰有限公司 10 月份从外地购入下列材料，以银行存款支付价款 127 000 元和增值税专用发票上的税款 21 590 元。

品种	重量	单价	买价
甲材料	4 000 千克	29.50 元/千克	118 000 元
乙材料	1 000 千克	9.00 元/千克	9 000 元

4. 以银行存款支付甲、乙材料的下列采购费用：运输费 2 500 元和装卸、搬运费 500 元，分配方式均按材料重量的比例计入材料采购成本。

5. 上述材料验收入库，按实际采购成本入账。

实训三　生产过程的核算

一、实训目的

通过实训使学生熟悉生产成本、期间费用的构成内容，掌握生产经营过程中费用的归集和分配，进一步掌握生产过程的核算内容和核算方法。

二、实训要求

1. 根据资料（一）分别按产品产量的比例、产品实际生产工时的比例、产品定额生产工时的比例分配生产工人工资并编制会计分录。

2. 根据资料（二）编制会计分录。

3. 根据资料（三）编制有关会计分录并计算完工 A 产品的生产成本（总成本、单位成本），并将结果登记到 A 产品生产成本明细账中。

三、实训资料

资料（一）：蓝天公司生产 A、B 两种产品，2011 年 8 月份共发生应付生产工人工资 20 000 元。

1. 本月 A、B 两种产品的产量分别为 8 000 千克和 12 000 千克。
2. 本月 A、B 两种产品的实际生产工时分别为 12 000 工时和 20 000 工时。
3. 本月 A、B 两种产品的工时定额分别为 2 工时/千克和 1.5 工时/千克。

资料（二）：天龙公司 7 月份发生部分经济业务如下：

1. 将 58 000 元转入职工工资存折。
2. 用银行存款 2 000 元支付本月车间房租。
3. 仓库发出材料，用途如下：

  1 号产品生产耗用　　　　　　　　120 000 元
  2 号产品生产耗用　　　　　　　　180 000 元
  车间一般维修耗用　　　　　　　　4 200 元

4. 开出现金支票 7 500 元购买厂部办公用品。
5. 以银行存款支付财产保险费 4 000 元。
6. 以现金支付车间一般工具修理费 86 元。
7. 计提本月短期借款利息 1 000 元。
8. 计提本月固定资产折旧，其中车间折旧额 11 000 元，厂部 6 500 元。
9. 月末分配工资费用。其中：

  1 号产品生产工人工资　　　　　　34 000 元
  2 号产品生产工人工资　　　　　　66 000 元
  车间管理人员工资　　　　　　　　16 000 元
  厂部管理人员工资　　　　　　　　8 000 元

10. 按各类员工工资额的 14% 提取福利费。
11. 以银行存款支付产品广告费 2 000 元。
12. 将本月发生的制造费用转入"生产成本"账户（按生产工人工资分配）。
13. 本月生产的 1 号、2 号产品各 100 台全部完工，验收入库，结转成本（假设没有期初期末在产品）。

资料（三）：海鸥厂生产 A、B 两种产品，其中 A 产品 2011 年 2 月初生产成本余额为 5 510 元，其中直接材料 2 250 元，直接人工 2 760 元，制造费用 500 元，B 产品没有期初在产品。2011 年 2 月发生下列经济业务：

1. 购入原材料一批，货款 26 000 元，运杂费 1 500 元及发票增值税额 3 570 元，均以银行存款支付。

2. 领用材料 21 000 元投入生产，其中用于生产 A 产品 16 000 元，用于生产 B 产品 5 000 元。

3. 计算分配职工工资。其中生产 A 产品的工人工资 46 000 元，生产 B 产品的工人工资 24 000 元，车间管理人员工资 10 000 元，行政管理人员工资 20 000 元。

4. 从银行提取现金 100 000 元，备发工资。

5. 以现金支付本月工资 100 000 元。

6. 计算本月应负担的短期借款利息 400 元。

7. 以银行存款支付管理部门负担的企业财产保险费 580 元。

8. 计提固定资产折旧 4 000 元。其中生产车间计提折旧 2 600 元，行政管理部门计提折旧 1 400 元。

9. 结转本月发生的制造费用（按 A、B 产品生产工人工资比例分配）。

10. 本月 500 件 A 产品全部完工，B 产品全部未完工。

A 产品生产成本明细账　　　　　　　　　　　　　　　　　单位：元

摘要	直接材料	直接人工	制造费用	合计
月初在产品成本（元）				
本月生产费用（元）				
合计（元）				
完工产品总成本（元）				
单位成本（元）				

实训四　销售过程的核算

一、实训目的

通过实训使学生掌握销售过程的核算内容和核算方法。

二、实训要求

根据所给经济业务编制会计分录。

三、实训资料

天龙公司 7 月份发生下列业务：

1. 销售 1 号产品 80 台，单价 4 000 元，增值税率 17%，款暂未收到。

2. 用银行存款 1 500 元支付销售产品的广告费。

3. 销售 2 号产品 90 件，单价 2 500 元，增值税率 17%，收到一张已承兑的商业汇票。

4. 结转本月已销 1、2 号产品的产品成本，相关成本资料见实训三资料（二）。

5. 经计算本月销售产品的销售税金 1 600 元。
6. 厂办公室王主任出差回来报销差旅费 1 500 元，原借款 2 000 元，余款退回单位财会部门。

实训五 利润形成和分配的核算

一、实训目的

通过实训使学生了解利润的构成，熟悉利润分配的程序，掌握利润形成和利润分配的核算内容和核算方法。

二、实训要求

根据实训资料编制以下业务的会计分录：
1. 计算并结转本年利润总额。
2. 按利润总额的 25% 计算企业应缴的企业所得税并结转所得税。
3. 按净利润的 10% 计提法定盈余公积。
4. 按净利润的 20% 向投资者分配利润。
5. 年末结转企业的未分配利润。

三、实训资料

北方公司 2011 年 12 月份有关经济业务如下：
1. 销售 A 产品 1 000 千克，当即收到货款 90 000 元和增值税款 15 300 元；销售 B 产品 200 千克，货款 10 000 元和增值税税款 1 700 元，收到已承兑的商业汇票。
2. 以银行存款支付本月产品展销场地使用费 3 000 元。
3. 结转已销产品的生产成本，A 产品单位生产成本为每千克 60 元，B 产品单位生产成本为每千克 30 元。
4. 以银行存款向希望工程捐款 5 000 元。
5. 以银行存款支付短期借款利息 2 400 元，其中已计提 1 500 元。
6. 11 月末部分总账账户余额如下表：

总账账户余额表（部分）

会计科目	借方	贷方
主营业务收入		8 000 000.00
其他业务收入		150 000.00
投资收益		200 000.00
营业外收入		4 000.00

续表

会计科目	借方	贷方
主营业务成本	6 000 000.00	
营业税金及附加	15 000.00	
其他业务支出	120 000.00	
销售费用	180 000.00	
管理费用	400 000.00	
财务费用	58 000.00	
营业外支出	80 000.00	

实训六 制造企业生产经营过程的综合核算

一、实训目的

通过实训使学生掌握制造企业生产经营过程的综合核算内容和核算方法，提高学生对经济业务的综合处理能力。

二、实训要求

根据所给经济业务编制有关会计分录。

三、实训资料

郑州长风建材公司2011年12月发生的全部经济业务如下：

1. 12月1日，从郑州邙山采石厂购进石灰石20 000吨，单价10元，收到增值税专用发票，价款200 000元，增值税34 000元，以转账支票付款，材料已验收入库。
2. 12月2日，向安信公司托收货款4 640元收回。
3. 12月3日，从郑州长城石膏厂购入石膏3吨，单价10 000元，收到增值税专用发票，价款30 000元，增值税5 100元，材料已验收入库，货款未付。
4. 12月4日，以现金55元购办公打印机纸。
5. 12月5日，以转账支票付广告费1 280元。
6. 12月6日，以现金162元支付厂办招待餐费。
7. 12月7日，以现金150元购买印花税票。
8. 12月8日，厂办因公以现金220元购买邮票。
9. 12月10日，出售给郑州建材有限公司水泥5 000吨，单价200元，增值税税率17%，款项已通过银行收回。
10. 12月12日，以存款归还短期借款本金50 000元和已预提利息2 500元。
11. 12月12日，售出水泥1吨，其含税价格234元，收到现金。

12. 12月12日，张某出差预借差旅费现金600元。
13. 12月13日，计提长期借款利息3 000元（不符合资本化条件）。
14. 12月14日，预提本月银行短期借款利息150元。
15. 12月14日，以银行存款支付车间专业工具修理费2 000元。
16. 12月15日，以存款缴纳税款。增值税1 050.98元，城市维护建设税73.57元，企业所得税630.59元，教育费附加31.53元。
17. 12月16日，张平回厂报销差旅费600元。
18. 12月17日，开出现金支票支付会计王红培训费100元。
19. 12月18日，开出转账支票支付本月仓库租金600元。
20. 12月19日，签发信汇凭证偿还兴和公司货款20 000元。
21. 12月21日，经理办购入轿车一辆，价款200 000元，增值税34 000元，已投入使用，货款暂欠。
22. 12月22日，将现金200元送存银行。
23. 12月23日，付经理办轿车有关费用。90#汽油40元，高速公路通行费5元，停车费5元。
24. 12月25日，以现金支付税务登记证换证费42元。
25. 12月26日，开出转账支票支付制作广告宣传牌费用2 330元。
26. 12月27日，提取现金11 212.80元备发工资。
27. 12月28日，收到银行付款通知支付电话费591.20元。
28. 12月30日，以现金30元支付市话开户费。
29. 12月30日，以现金支付本月工资。
30. 12月31日，收到银行存款利息通知单利息收入110元已转入本公司账户。
31. 12月31日，以现金30元支付复印材料费。
32. 12月31日，以存款支付生产车间取暖购煤费105元。
33. 12月31日，接水电部门通知，本月发生水费14 450元，其中生产车间负担13 620元，管理部门负担830元。本月共发生电费20 720元，其中生产车间生产产品用电20 000元，照明用电400元，管理部门用电320元。款项均以银行存款支付。
34. 12月31日，分配本月工资费用，生产车间工人工资7 889.80元，车间管理人员工资1 202元，行政管理人员工资2 121元，合计11 212.80元。
35. 12月31日，按14%计提职工福利费。
36. 12月31日，计提生产车间固定资产折旧3 259.47元，计提行政部门固定资产折旧1 134.76元，合计4 394.23元。
37. 12月31日，结转本月领用材料成本，领用原煤10吨，单价200元，计2 000元，领用石膏1吨，单价10 000元，计10 000元，领用石灰石520吨，单价10元，计5 200元。以上材料为生产用。
38. 12月31日，计算本月应缴城市维护建设税8 787.77元，教育费附加3 766.19元。
39. 12月31日，结转本月制造费用。
40. 12月31日，结转本月完工产品成本。（假定月初无在产品成本，本月生产产品全部完工）

41. 12月31日，结转本月已销产品成本。
42. 12月31日，将"收入类"和"费用类"账户余额结转入"本年利润"账户。
43. 12月31日，计算本期应缴所得税并结转所得税账户。
44. 12月31日，结转本年净利润。
45. 12月31日，按10%提取法定盈余公积金。
46. 12月31日，向投资者分配利润24 765.43元。
47. 12月31日，结转利润分配账户。

项目五　会计核算的依据——会计凭证

第一部分　基础知识训练

一、单项选择题

1. 每项经济业务发生或完成时取得或填制的凭证是（　　）。
   A. 原始凭证　　　　　　　　　　　B. 记账凭证
   C. 收款凭证　　　　　　　　　　　D. 付款凭证
2. 从银行提取现金，一般应填制的记账凭证是（　　）。
   A. 现金收款凭证
   B. 银行存款付款凭证
   C. 转账凭证
   D. 分别填制银行存款付款凭证和现金收款凭证
3. 下列凭证中，不能作为记账依据的原始凭证有（　　）。
   A. 领料单　　　　　　　　　　　　B. 工资结算单
   C. 出差车票　　　　　　　　　　　D. 购销合同
4. 原始凭证金额有错误，应当采用（　　）。
   A. 红字更正法更正　　　　　　　　B. 划线更正法更正
   C. 蓝字更正法更正　　　　　　　　D. 由出具单位重开
5. 会计凭证的传递，起止点为（　　）。
   A. 会计凭证的填制到登记账簿止
   B. 会计凭证的填制或取得到归档止
   C. 会计凭证的审核后到归档止
   D. 会计凭证的审核后到登记账簿止
6. 会计凭证的保管期限和销毁手续，必须严格执行会计制度的规定（　　）。
   A. 任何人无权自行随意销毁　　　　B. 经批准后可以随意销毁
   C. 可以自行销毁　　　　　　　　　D. 至少保存10年以上，有的须永久保存
7. 记账凭证与所附原始凭证的金额（　　）。
   A. 可能相等　　　　　　　　　　　B. 可能不相等
   C. 必须相等　　　　　　　　　　　D. 必须不相等
8. 某企业销售产品一批，产品已发出，发票已交达对方企业，货款尚未收到，对此项经

济业务，会计人员根据有关原始凭证编制（　　）。

A. 收款凭证　　　　B. 付款凭证　　　　C. 汇总凭证　　　　D. 转账凭证

9. 企业购入材料收到供货单位开具的发票，该原始凭证按其来源分，应属于（　　）。

A. 一次凭证　　　　　　　　　　B. 自制原始凭证

C. 外来原始凭证　　　　　　　　D. 累计原始凭证

10. 将现金存入银行，登记银行日记账的依据是（　　）。

A. 现金收款凭证　　　　　　　　B. 银行存款收款凭证

C. 银行存款付款凭证　　　　　　D. 现金付款凭证

11. 原始凭证与记账凭证的相同点是（　　）。

A. 反映经济业务的内容相同　　　B. 编制的时间相同

C. 所起的作用相同　　　　　　　D. 经济责任的当事人相同

12. 原始凭证按（　　）的不同，可以分为一次原始凭证、累计原始凭证和汇总原始凭证。

A. 取得的途径　　　　　　　　　B. 具体格式

C. 经办人员　　　　　　　　　　D. 填制的方法

13. 下列属于原始凭证的有（　　）。

A. 汇总收款凭证　　　　　　　　B. 制造费用分配表

C. 科目汇总表　　　　　　　　　D. 汇总付款凭证

14. 将现金送存银行，应填制一张（　　）。

A. 银行存款收款凭证　　　　　　B. 现金收款凭证

C. 银行存款付款凭证　　　　　　D. 现金付款凭证

15. 填制原始凭证时，应做到以下方面，但是（　　）的叙述是错误的。

A. 阿拉伯数字应当一个一个地写，不得连笔写

B. 凭证发生错误，不得随意涂改、刮擦、挖补

C. 所有以元为单位的阿拉伯数字，除表示单价等情况外，一律填写到角分

D. 经有关部门批准的业务，其批准文件不能作为原始凭证的附件

16. 将记账凭证分为收款、付款和转账凭证的依据是（　　）。

A. 按凭证的来源划分

B. 按凭证填制的手续划分

C. 按凭证所反映的经济业务内容是否与货币资金收付有关

D. 按所包括的会计科目是否单一划分

17. 结转完工入库产品的实际成本应编制（　　）。

A. 收款凭证　　　　B. 付款凭证　　　　C. 转账凭证　　　　D. 累计凭证

18. 企业外购材料一批，已验收入库，货款已付，根据有关的原始凭证应填制（　　）。

A. 收款凭证　　　　B. 付款凭证　　　　C. 转账凭证　　　　D. 累计凭证

19. 仓库使用的限额领料单应属于（　　）。

A. 汇总原始凭证　　　　　　　　B. 外来原始凭证

C. 一次凭证　　　　　　　　　　D. 累计凭证

20. 下列科目可能是收款凭证借方科目的是（　　）。
   A. 材料采购　　　　　　　　　　B. 应收账款
   C. 银行存款　　　　　　　　　　D. 其他应收款

二、多项选择题

1. 原始凭证按其填制方法不同可分为（　　）。
   A. 一次凭证　　　　　　　　　　B. 累计凭证
   C. 外来原始凭证　　　　　　　　D. 汇总原始凭证
2. 记账凭证按其适用的经济业务可分为（　　）。
   A. 一次凭证　　　　　　　　　　B. 累计凭证
   C. 专用记账凭证　　　　　　　　D. 通用记账凭证
3. 下列原始凭证属于自制凭证的有（　　）。
   A. 收料单　　　　　　　　　　　B. 领料单
   C. 工资结算单　　　　　　　　　D. 转账支票
4. 下列原始凭证属于汇总原始凭证的有（　　）。
   A. 限额领料单　　　　　　　　　B. 收料汇总表
   C. 发料汇总表　　　　　　　　　D. 科目汇总表
5. 专用记账凭证按其所记录的经济业务是否与货币资金有关分为（　　）。
   A. 通用记账凭证　　　　　　　　B. 收款凭证
   C. 付款凭证　　　　　　　　　　D. 转账凭证
6. 下列凭证属于复式记账凭证的有（　　）。
   A. 通用记账凭证　　　　　　　　B. 收款凭证
   C. 付款凭证　　　　　　　　　　D. 转账凭证
7. 销售产品填制的发票应属于（　　）。
   A. 原始凭证　　　　　　　　　　B. 记账凭证
   C. 外来原始凭证　　　　　　　　D. 一次凭证
8. 记账凭证编制依据是（　　）。
   A. 原始凭证　　　　　　　　　　B. 收款凭证
   C. 有关账簿　　　　　　　　　　D. 原始凭证汇总表
9. 原始凭证的内容有（　　）。
   A. 凭证的名称、日期、编号
   B. 接受单位或个人名称
   C. 业务内容及其数量、单价和金额
   D. 填制单位及有关人员签名或者盖章
10. 记账凭证应具备的基本内容包括（　　）。
    A. 填制单位和记账凭证的名称
    B. 记账凭证的填制日期和编号
    C. 经济业务的内容摘要和所附原始凭证的张数
    D. 有关人员的签章

11. 付款凭证左上角可填制的会计科目有（　　）。
A. 库存现金　　　　B. 应收账款　　　　C. 银行存款　　　　D. 实收资本
12. 以下会计凭证中，属于一次原始凭证的有（　　）。
A. 收料单　　　　　　　　　　　B. 工资结算单
C. 销售发票　　　　　　　　　　D. 限额领料单
13. 原始凭证的审核要求（　　）。
A. 发生的经济业务应符合国家有关法规、制度的要求
B. 发生的经济业务应符合厉行节约，提高经济效益的原则
C. 业务内容应与凭证内容、数量、金额相一致
D. 填证单位和制证人员应盖章签名
14. 在下列原始凭证中（　　）属于自制原始凭证。
A. 购货发票　　　　　　　　　　B. 收料单
C. 领料单　　　　　　　　　　　D. 限额领料单
15. 以下原始凭证中（　　）属于一次凭证。
A. 收料单　　　　　　　　　　　B. 工资结算汇总表
C. 发货票　　　　　　　　　　　D. 限额领料单
16. 以下各项中，属于原始凭证所必须具备的基本内容是（　　）。
A. 名称、填制日期和编号
B. 经济业务内容摘要及数量、单价、金额
C. 填制人员、经办人员的签字、盖章
D. 接受凭证单位的名称
17. 原始凭证的编制必须符合（　　）等基本要求。
A. 记录真实　　　B. 内容完整　　　C. 书写清楚　　　D. 填制及时
18. 以下各项中，属于原始凭证的有（　　）。
A. 收料单　　　　　　　　　　　B. 经济合同
C. 领料单　　　　　　　　　　　D. 外单位开具的收款收据
19. 审核无误的原始凭证可以作为（　　）的依据。
A. 编制记账凭证　　　　　　　　B. 编制报表
C. 登记账簿　　　　　　　　　　D. 对外报送
20. 下列属于汇总记账凭证的有（　　）。
A. 汇总收款凭证　　　　　　　　B. 汇总转账凭证
C. 汇总付款凭证　　　　　　　　D. 科目汇总表
21. 涉及现金与银行存款之间收付款业务时，可以编制的记账凭证有（　　）。
A. 银行存款收款凭证　　　　　　B. 银行存款付款凭证
C. 现金收款凭证　　　　　　　　D. 现金付款凭证
22. 收款凭证左上方的"借方科目"中可以填写的会计科目有（　　）。
A. 库存现金　　　　　　　　　　B. 应收账款
C. 其他应收款　　　　　　　　　D. 银行存款

23. 审核记账凭证的主要内容有（　　）。
   A. 是否附有原始凭证
   B. 应借应贷的会计科目对应关系是否清晰、正确
   C. 经济内容是否与所附原始凭证的内容相符
   D. 项目是否填制齐全
24. 下列凭证中，属于复式记账凭证的有（　　）。
   A. 单科目凭证　　　　　　　　　B. 收款凭证
   C. 付款凭证　　　　　　　　　　D. 转账凭证
25. 某企业外购材料一批，已验收入库，货款已付，根据这项经济业务应填制的会计凭证是（　　）。
   A. 收款凭证　　　B. 收料单　　　C. 付款凭证　　　D. 累计凭证

三、判断题

1. 会计凭证按其经济业务的内容不同，可分为原始凭证和记账凭证两大类。（　　）
2. 凡不能证明经济业务发生或完成的各种单证，不能作为原始凭证据以记账。（　　）
3. 实际工作中，也有企事业单位不分收款、付款、转账凭证，统一使用一种原始凭证，这种记账凭证称为通用记账凭证。（　　）
4. 自制原始凭证必须有经办单位负责人或其指定人员签名或盖章，对外开出的原始凭证，必须加盖本单位公章。（　　）
5. 为了便于记账和查账需要编制原始凭证。（　　）
6. 原始凭证必要时可以涂改、挖补。（　　）
7. 职工公出借款凭证，必须附在记账凭证之后，收回借款时，应当另开收据或退还借据副本，不得退还借款收据。（　　）
8. 以自制的原始凭证或者原始凭证汇总表代替记账凭证的，也必须具备记账凭证的原有项目。（　　）
9. 收付款的记账凭证可以不由出纳人员签名或盖章。（　　）
10. 记账凭证只能根据审核无误的原始凭证填制。（　　）
11. 除结账和更正错误的记账凭证可以不附原始凭证外，其他记账凭证必须附有原始凭证，并注明原始凭证的张数。（　　）
12. 收款凭证是银行存款收入业务使用的凭证。（　　）
13. 企业经济业务活动过程中，自行填制或外部取得的购料申请单、银行对账单、购销合同等，应作为原始凭证，并据以入账。（　　）
14. 累计凭证是在一定时期内连续记录若干同类经济业务的原始凭证，如自制原始凭证中的限额领料单。（　　）
15. 一次凭证是只记录一项经济业务或同时记录若干项同类经济业务，并在经济业务发生后一次填制完毕的原始凭证，如发料凭证汇总表等。（　　）

第二部分　业务能力训练

实训一　原始凭证的填制

一、实训目的

通过实训使学生了解原始凭证的基本内容，掌握原始凭证的填制方法并熟悉会计凭证的传递程序。

二、实训要求

根据所给的经济业务资料填制有关原始凭证。

三、实训资料

滨海市陆通轮胎有限公司是一家由 450 名职工组建而成的有限责任公司（下同），为增值税一般纳税人，增值税税率为 17%，主要从事轮胎生产。该公司在中国工商银行新城支行开户，账号 305123456789，纳税人识别号 111234567898765，公司地址是滨海市新城区湘江街 18 号，电话 87654321，法定代表人张强。2010 年 1 月份发生的有关经济业务如下：

1. 1 月 10 日，根据工资结算汇总表，从银行提取现金，以备发放工资。签发现金支票一张，金额 793 075.80 元。

中国工商银行现金支票存根	中国工商银行现金支票
支票号码 No.2452787 科　　目：＿＿＿＿＿ 对方科目：＿＿＿＿＿ 签发日期　年　月　日 收款人： 金　额： 用　途： 备　注： 单位主管：　　会计： 复　核：　　　记账：	出票日期（大写）　年　月　日 收款人： 人民币 （大写） 用途：＿＿＿＿ 上列款项请从我账户内支付 出票人签章　　复核　　记账 付款行名称：＿＿＿＿＿ 出票人账号：＿＿＿＿＿ 千百十万千百十元角分 科目（借）＿＿＿＿＿ 对方科目（贷）＿＿＿＿＿ 转账日期　年　月　日

2. 1 月 15 日采购部李刚出差预借差旅费 6 000 元整，前往海南采购材料，填写借款单，支付现金。

借款单

年　月　日

借款单位：		
借款理由：		
借款金额：人民币（大写）		
本单位负责人意见：	借款人（签章）	
领导批示：	会计主管人员核批：	付款记录：

3. 1月16日公司向长春汽车制造公司（开户银行为工商行红旗支行，账号：605123123789，地址：吉林省长春市红旗街50号，电话：86661236，纳税人识别号：130123123456789）销售175/65R14 轮胎8 000个，单价300元，售价共计2 400 000元，增值税销项税额408 000元，价税合计2 808 000元，轮胎的单位成本250元。

增值税专用发票

开票日期：　年　月　日　　　　　　　　　　　　No.0063490

购货单位	名　　称							密码区									
	纳税人登记号																
	地址、电话																
	开户银行及账号																

商品或劳务名称	计量单位	数量	单价	金额 千百十万千百十元角分	税率%	税额 千百十万千百十元角分
合计						
价税合计（大写）			（小写）¥：			

销货单位	名　　称		备注
	纳税人登记号		
	地址电话		
	开户银行及账号		

收款人：　　　　　　　开票单位（未盖章无效）　　　　　　结算方式：

产成品出库单

购货单位：　　　　　　　　　　年　月　日　　　　　　　　编号：ckd 001

编号	名称及规格	单位	数量	单价	金额	备注
	合计					

负责人：　　　　　　　　　　　　　　　　　　　　　　　经手人：

4. 1月16日，出纳员张芳将多余库存现金4 600元送存开户银行，填写现金存款单一张。（面额100元40张，50元4张，20元10张，10元20张）

中国工商银行现金存款单
年　月　日

收款单位	全称			款项来源										
	账号		开户银行		交款单位									
人民币（大写）：							千	百	十	万	千	百	十	元	角	分
辅币	券别	伍角	贰角	壹角	伍分	贰分	壹分	收款员 收讫 复核员
	张数							
主币	券别	壹佰元		伍拾元		拾元		伍元		贰元		壹元
	张数											

5. 1月20日采购部李刚联系购买材料业务出差回来填写差旅费报销单。从滨海市出发到海口市，乘坐飞机，机票往返共计2 400元；住宿5天，每天住宿费400元；出差6天，每天补助100元；市内车费200元，报销金额共计5 200元，多余现金退回公司财会部门。

差旅费报销单

部门　　　　　　　　　　　　　年　月　日

出差人					出差事由						
出发		到达		交通工具	交通费		出差补贴		其他费用		
月	日	地点	月	日	地点		单据张数	金额	人数	金额	项目	单据张数	金额
											住宿费		
											市内车费		
											邮电费		
											办公用品费		
											其他		
		合计											
报销总额	人民币（大写）				预借差旅费				补领金额		
									退还金额		

收款收据

年　月　日

今收到＿＿＿＿＿＿＿＿交来	
＿＿＿＿＿＿＿＿	
金额　人民币（大写）	￥

主管：　　　　　会计：　　　　　出纳：　　　　　交款人：

6. 1月21日采购部李刚从海南景华橡胶厂采购合成橡胶100吨，单价600元，运抵企业经检验员刘强验收无误入库，填写"材料验收入库单"。

材料验收入库单

供应单位：
发票号：0028624　　　　　　　年　月　日　　　　　　字第04512号

材料类别	材料名称	性质规格	计量单位	数量	实收数量	单价	金额							
							十万	万	千	百	十	元	角	分
检验结果		检验员签章：		运杂费										
				合计										
备注：														

仓库主管：　　　　　收料员：　　　　　经办人：

7. 1月23日生产车间申请领用合成橡胶10吨，单价600元，用于轮胎的生产，根据实际生产情况实发8吨。

领料单

领用部门：　　　　　　　　年　月　日　　　　　　　　编号：

编号	类别	名称	规格	单位	数量		金额	
					请领	实发	单价	总额
	合计							
用途								

发料人：　　　　　记账：　　　　　领料部门负责人：　　　　　领料人：

8. 1月28日，按购货合同规定，如期支付前欠海南景华橡胶厂（开户银行为工商行北路支行，账号：571123123789，地址：海南省海口市公园北路1号，电话：0898—23661234，纳税人识别号：230987654321234）货款价税合计702 000元。

中国工商银行电汇凭证（回单）
委托日期　年　月　日

汇款人	全称			收款人	全称		
	账号或地址				账号或地址		
	汇出地点		汇出行名称		汇入地点		汇入行名称
金额	人民币（大写）			千 百 十 万 千 百 十 元 角 分			
汇款用途：					汇出行盖章 年　月　日		
单位主管	会计	复核	记账				

9. 1月31日，轮胎完工入库5 000个，完工单位成本200元，验收入库。

产品入库单

交库部门：　　　　　　　　　　　　　年　月　日　　　　　　　　　　编号 ret 001

编号	名称及规格	单位	数量	单价	金额 百 十 万 千 百 十 元 角 分	备注

验收：　　　　　　　　　交库部门主管：　　　　　　　　　交库：

实训二　原始凭证的审核

一、实训目的

通过原始凭证的审核，使学生掌握原始凭证的审核内容和方法，加强对原始凭证正规性和合规性的理解。

二、实训要求

对下列发生经济业务的原始凭证进行审核，并指出所存在的问题。

三、实训资料

玉明笔业有限公司2010年2月份发生的几项经济业务涉及下列原始凭证。

1. 供应部采购员陈明 2 月 10 日赴哈尔滨参加商品交易会，2 月 1 日填写借款单一份，预借差旅费。

借款单

年　月　日

借款单位：厂部	
借款理由：公出	
借款金额：人民币（大写）肆仟元整	￥：4 000.00
本单位负责人意见：	借款人（签章）
领导批示：刘军　　　会计主管人员核批：	付款记录：

2. 采购员陈明 2 月 20 日出差回公司报销差旅费。公司规定，因公出差住宿标准每人每日 30.00 元，伙食补助标准每人每日 8.00 元，市内车费标准每人每日 2 元。陈明根据有关原始单据填写差旅费。

差旅费报销单

单位：　　　　　　　　　　2010 年 2 月 20 日

出发地			到达地			天数	标准	金额	车船飞机费	卧铺	宿费	市内车费	邮电费	其他	合计金额
月	日	时	地点	月	日	时	地点										
2	5		哈尔滨	2	7		南京	2	8	16	520	254	40	10.2	公文包 400	1 240.20
2	9		南京	2	9		苏州	2	8	16	24		80	30	10		160.00
2	11		苏州	2	11		杭州	2	8	16	38		30	20	4		108.00
2	13		杭州	2	13		上海	3	8	40	26		100	60	10		236.00
2	16		上海	2	18		哈尔滨				480					样品 2 000	2 480.00

合计人民币（大写）：肆仟柒佰贰拾元贰角整

备　注　　　　　　　公出事由为参加上海商品交易会

单位领导：刘　军　　　财会主管：　　　公出人姓名：陈　明　　　审核人：

3. 2 月 8 日销售科业务员持发票报销以现金支付的业务招待费。

海江市服务业统一发票

客户名称：笔业公司　　　　　2010年2月8日　　　　　　　　　　No.09654213

项目	单位	数量	单价	金额								备注
				万	千	百	十	元	角	分	
餐费				¥	2	5	6	0	6	0	

人民币（大写）贰仟伍佰陆十零元陆角零分

填票人：　　　　　　　　收款人：　　　　　　　　　　单位名称（盖章）：

4. 2月13日出纳员计算填列工资结算汇总表。

工资结算汇总表

2010年2月13日　　　　　　　　　　　　　　　　　　　　　　单位：元

职工类别	应付工资			代扣款			实发金额
	基本工资	津贴	合计	购房贷款	社保费	合计	
A 产品生产工人	51 000.00	14 000.00	65 000.00		7 000.00	7 000.00	58 000.00
B 产品生产工人	30 000.00	10 500.00	40 500.00		4 200.00	4 200.00	36 300.00
车间管理人员	10 000.00		10 000.00	1 250.00	1 100.00	2 350.00	7 650.00
公司销售人员	2 500.00	1 500.00	4 000.00		400.00	400.00	3 600.00
公司行政人员	11 000.00		11 000.00	1 100.00	1 300.00	2 400.00	8 600.00
合计	104 500.00	26 000.00	130 500.00	2 350.00	14 000.00	16 350.00	114 150.00

财务主管：许辉　　　　　　审核：严梅　　　　　　制单：赵欣

实训三　复式记账凭证的填制

一、实训目的

通过实训使学生了解复式记账凭证的种类、格式和基本内容，掌握通用记账凭证和专用凭证的编制方法。

二、实训要求

1. 根据资料（一）确定各项经济业务应编制的专用记账凭证的种类，并填制收款、付款和转账凭证。
2. 根据资料（二）所列经济业务编制通用记账凭证。

三、实训资料

（一）东方有限责任公司2011年8月份发生部分经济业务如下：

1. 2日，收到转账支票一张并已办理进账手续，此款系甲公司归还前欠货款200 000元。
2. 5日，向乙企业购入甲材料一批，进价30 000元，增值税率17%，开出一张商业承兑汇票，材料已办理入库手续。
3. 9日，签发现金支票一张，从银行提取现金20 000元，以备零星开支用。
4. 15日，销售产品一批计50 000元，增值税率17%，收到转账支票一张送存银行。
5. 17日，开出转账支票支付厂部水电费1 000元。
6. 20日，生产产品领用甲材料20 000元，已办理领料手续。
7. 24日，办公室张华出差归来，填写差旅费报销单报销差旅费2 850元，交回剩余现金150元（原预借差旅费3 000元）。
8. 26日，预提本月应负担的短期借款利息1 200元。
9. 27日，销售给丙公司产品一批计50 000元，增值税率17%，已办妥委托收款手续。
10. 30日，签发转账支票偿还短期借款10 000元。

（二）科宏有限责任公司2011年10月份发生部分经济业务如下：

1. 2日，以电汇方式预付购材料价款10 000元。
2. 5日，签发转账支票支付广告费1 900元。
3. 8日，向A企业销售产品一批，货款50 000元，增值税额8 500元。以转账支票代垫运杂费1 000元，并已办妥托收手续。
4. 12日，收回托收款59 500元存银行。
5. 18日，以现金500元支付办公室购买办公用品费用。
6. 24日，签发现金支票从银行提取现金100 000元，备发工资。
7. 28日，结转本月已销产品成本20 000元。
8. 29日，计算银行短期借款利息1 200元。
9. 30日，采购部李强出差预借差旅费现金2 000元。
10. 30日，财务科签发转账支票支付会计电算化培训费3 000元。

收款记账凭证

凭证编号：　　　　出纳编号：
　　　　　　　　　　　年　月　日　　　　　　　借方科目：

摘要	结算方式	票号	贷方科目		金额										记账符号
			总账科目	明细科目	千	百	十	万	千	百	十	元	角	分	

会计主管人员：　　　记账：　　　稽核：　　　制单：　　　出纳：　　　交领款人：

收款记账凭证

凭证编号：　　　出纳编号：
年　月　日　　　借方科目：

摘要	结算方式	票号	贷方科目		金额									记账符号
			总账科目	明细科目	千	百	十	万	千	百	十	元	角	分	

会计主管人员：　　记账：　　稽核：　　制单：　　出纳：　　交领款人：

收款记账凭证

凭证编号：　　　出纳编号：
年　月　日　　　借方科目：

摘要	结算方式	票号	贷方科目		金额									记账符号
			总账科目	明细科目	千	百	十	万	千	百	十	元	角	分	

会计主管人员：　　记账：　　稽核：　　制单：　　出纳：　　交领款人：

收款记账凭证

凭证编号：　　　出纳编号：
年　月　日　　　借方科目：

摘要	结算方式	票号	贷方科目		金额									记账符号
			总账科目	明细科目	千	百	十	万	千	百	十	元	角	分	

会计主管人员：　　记账：　　稽核：　　制单：　　出纳：　　交领款人：

付款记账凭证

凭证编号：　　　　出纳编号：

年　月　日　　　　贷方科目：

摘要	结算方式	票号	借方科目		金额										记账符号
			总账科目	明细科目	千	百	十	万	千	百	十	元	角	分	
附单据　张			合计												

会计主管人员：　　　记账：　　　稽核：　　　制单：　　　出纳：　　　交领款人：

付款记账凭证

凭证编号：　　　　出纳编号：

年　月　日　　　　贷方科目：

摘要	结算方式	票号	借方科目		金额										记账符号
			总账科目	明细科目	千	百	十	万	千	百	十	元	角	分	
附单据　张			合计												

会计主管人员：　　　记账：　　　稽核：　　　制单：　　　出纳：　　　交领款人：

付款记账凭证

凭证编号：　　　　出纳编号：

年　月　日　　　　贷方科目：

摘要	结算方式	票号	借方科目		金额										记账符号
			总账科目	明细科目	千	百	十	万	千	百	十	元	角	分	
附单据　张			合计												

会计主管人员：　　　记账：　　　稽核：　　　制单：　　　出纳：　　　交领款人：

付款记账凭证

凭证编号：　　　出纳编号：
年　月　日　　　贷方科目：

| 摘要 | 结算方式 | 票号 | 借方科目 || 金额 |||||||||| 记账符号 |
			总账科目	明细科目	千	百	十	万	千	百	十	元	角	分	
附单据　张			合计												

会计主管人员：　　记账：　　稽核：　　制单：　　出纳：　　交领款人：

转账记账凭证

年　月　日　　　凭证编号：

| 摘要 | 借方科目 || 贷方科目 || 金额 |||||||||| 记账符号 |
	总账科目	明细科目	总账科目	明细科目	千	百	十	万	千	百	十	元	角	分	
附单据　张	合计													

会计主管：　　　记账：　　　审核：　　　制单：

转账记账凭证

年　月　日　　　凭证编号：

| 摘要 | 借方科目 || 贷方科目 || 金额 |||||||||| 记账符号 |
	总账科目	明细科目	总账科目	明细科目	千	百	十	万	千	百	十	元	角	分	
附单据　张	合计													

会计主管：　　　记账：　　　审核：　　　制单：

转账记账凭证

年　月　日　　　　　　　　　　　　　凭证编号：

摘要	借方科目		贷方科目		金额										记账符号
	总账科目	明细科目	总账科目	明细科目	千	百	十	万	千	百	十	元	角	分	
附单据　张			合计												

会计主管：　　　　　记账：　　　　　审核：　　　　　制单：

转账记账凭证

年　月　日　　　　　　　　　　　　　凭证编号：

摘要	借方科目		贷方科目		金额										记账符号
	总账科目	明细科目	总账科目	明细科目	千	百	十	万	千	百	十	元	角	分	
附单据　张			合计												

会计主管：　　　　　记账：　　　　　审核：　　　　　制单：

转账记账凭证

年　月　日　　　　　　　　　　　　　凭证编号：

摘要	借方科目		贷方科目		金额										记账符号
	总账科目	明细科目	总账科目	明细科目	千	百	十	万	千	百	十	元	角	分	
附单据　张			合计												

会计主管：　　　　　记账：　　　　　审核：　　　　　制单：

转账记账凭证

年　月　日　　　　　　　　　　　凭证编号：

摘要	借方科目		贷方科目		金额										记账符号
	总账科目	明细科目	总账科目	明细科目	千	百	十	万	千	百	十	元	角	分	
附单据　张	合计															

会计主管：　　　　　　记账：　　　　　　审核：　　　　　　制单：

转账记账凭证

年　月　日　　　　　　　　　　　凭证编号：

摘要	借方科目		贷方科目		金额										记账符号
	总账科目	明细科目	总账科目	明细科目	千	百	十	万	千	百	十	元	角	分	
附单据　张	合计															

会计主管：　　　　　　记账：　　　　　　审核：　　　　　　制单：

通用记账凭证

年　月　日　　　　　　　　　　　凭证编号：

摘要	结算方式	票号	会计科目		借方金额										记账符号	贷方金额										记账符号
			总账科目	明细科目	千	百	十	万	千	百	十	元	角	分		千	百	十	万	千	百	十	元	角	分	
附单据　张			合计																								

会计主管人员：　　　记账：　　　稽核：　　　制单：　　　出纳：　　　交领款人：

通用记账凭证

年 月 日　　　　　　　凭证编号：

摘要	结算方式	票号	会计科目		借方金额										记账符号	贷方金额										记账符号
			总账科目	明细科目	千	百	十	万	千	百	十	元	角	分		千	百	十	万	千	百	十	元	角	分	
附单据　　张			合计																						

会计主管人员：　　　记账：　　　稽核：　　　制单：　　　出纳：　　　交领款人：

通用记账凭证

年 月 日　　　　　　　凭证编号：

摘要	结算方式	票号	会计科目		借方金额										记账符号	贷方金额										记账符号
			总账科目	明细科目	千	百	十	万	千	百	十	元	角	分		千	百	十	万	千	百	十	元	角	分	
附单据　　张			合计																						

会计主管人员：　　　记账：　　　稽核：　　　制单：　　　出纳：　　　交领款人：

通用记账凭证

年 月 日　　　　　　　凭证编号：

摘要	结算方式	票号	会计科目		借方金额										记账符号	贷方金额										记账符号
			总账科目	明细科目	千	百	十	万	千	百	十	元	角	分		千	百	十	万	千	百	十	元	角	分	
附单据　　张			合计																						

会计主管人员：　　　记账：　　　稽核：　　　制单：　　　出纳：　　　交领款人：

项目五 会计核算的依据——会计凭证

通用记账凭证

年　月　日　　　　　　　　　　　　凭证编号：

摘要	结算方式	票号	会计科目		借方金额										记账符号	贷方金额										记账符号
			总账科目	明细科目	千	百	十	万	千	百	十	元	角	分		千	百	十	万	千	百	十	元	角	分	
附单据　张			合计																							

会计主管人员：　　　　记账：　　　　稽核：　　　　制单：　　　　出纳：　　　　交领款人：

通用记账凭证

年　月　日　　　　　　　　　　　　凭证编号：

摘要	结算方式	票号	会计科目		借方金额										记账符号	贷方金额										记账符号
			总账科目	明细科目	千	百	十	万	千	百	十	元	角	分		千	百	十	万	千	百	十	元	角	分	
附单据　张			合计																							

会计主管人员：　　　　记账：　　　　稽核：　　　　制单：　　　　出纳：　　　　交领款人：

通用记账凭证

年　月　日　　　　　　　　　　　　凭证编号：

摘要	结算方式	票号	会计科目		借方金额										记账符号	贷方金额										记账符号
			总账科目	明细科目	千	百	十	万	千	百	十	元	角	分		千	百	十	万	千	百	十	元	角	分	
附单据　张			合计																							

会计主管人员：　　　　记账：　　　　稽核：　　　　制单：　　　　出纳：　　　　交领款人：

通用记账凭证

年　月　日　　　　　　　　　　　　凭证编号：

摘要	结算方式	票号	会计科目		借方金额										记账符号	贷方金额										记账符号
			总账科目	明细科目	千	百	十	万	千	百	十	元	角	分		千	百	十	万	千	百	十	元	角	分	
附单据　张			合计																							

会计主管人员：　　　　记账：　　　　稽核：　　　　制单：　　　　出纳：　　　　交领款人：

通用记账凭证

年 月 日 　　　　　　　　凭证编号：

摘要	结算方式	票号	会计科目		借方金额										记账符号	贷方金额										记账符号
			总账科目	明细科目	千	百	十	万	千	百	十	元	角	分		千	百	十	万	千	百	十	元	角	分	
附单据　　张			合计																							

会计主管人员：　　　记账：　　　稽核：　　　制单：　　　出纳：　　　交领款人：

通用记账凭证

年 月 日 　　　　　　　　凭证编号：

摘要	结算方式	票号	会计科目		借方金额										记账符号	贷方金额										记账符号
			总账科目	明细科目	千	百	十	万	千	百	十	元	角	分		千	百	十	万	千	百	十	元	角	分	
附单据　　张			合计																							

会计主管人员：　　　记账：　　　稽核：　　　制单：　　　出纳：　　　交领款人：

通用记账凭证

年 月 日 　　　　　　　　凭证编号：

摘要	结算方式	票号	会计科目		借方金额										记账符号	贷方金额										记账符号
			总账科目	明细科目	千	百	十	万	千	百	十	元	角	分		千	百	十	万	千	百	十	元	角	分	
附单据　　张			合计																							

会计主管人员：　　　记账：　　　稽核：　　　制单：　　　出纳：　　　交领款人：

通用记账凭证

年 月 日 　　　　　　　　凭证编号：

摘要	结算方式	票号	会计科目		借方金额										记账符号	贷方金额										记账符号
			总账科目	明细科目	千	百	十	万	千	百	十	元	角	分		千	百	十	万	千	百	十	元	角	分	
附单据　　张			合计																							

会计主管人员：　　　记账：　　　稽核：　　　制单：　　　出纳：　　　交领款人：

实训四　记账凭证的审核

一、实训目的

通过记账凭证的审核，使学生掌握审核记账凭证的要求和方法，加强对记账凭证正规性和合规性的理解。

二、实训要求

对记账凭证进行全面审核。

三、实训资料

对大连新世纪股份有限公司 2011 年 1 月的有关经济业务的记账凭证进行全面审核：

1. 21 日，开出现金支票，提取现金 4 000 元。

1-1

```
中国工商银行
现金支票存根
LX Ⅱ 00482378
科　　目_____
对方科目_____
出票日期　2011 年 1 月 21 日
收款人：大连新世纪股份有限公司
金　　额：4 000 元
用　　途：备用金
单位主管：孙丽　　　　会计：王艳
```

付款记账凭证　　　　　凭证编号：　1　

2011 年 1 月 21 日　　　　贷方科目：银行存款

摘要	结算方式	票号	借方科目 总账科目	明细科目	金额 亿 千 百 十 万 千 百 十 元 角 分	记账符号
提取备用金	现支	2 378	库存现金		4 0 0 0 0 0	
附单据　壹　张			合计		¥ 　　　　　4 0 0 0 0 0	

66　新编基础会计

2. 23日，零售给大连宏达公司甲材料16千克，单价50元，价款800元，税款136元，收取现金936元。

2-1　大连增值税专用发票

开票日期：2011年1月23日　　　　　　　　　　　　　　　　　　　　　　　　　　　No. 00153639

购货单位	名称	大连宏达公司			纳税人登记号		略	
	地址、电话	略			开户银行及账号		略	
货物或应税劳务名称	规格型号	计量单位	数量	单价	金额	税率（%）	税额	
甲材料	PH-6	千克	16	50	800	17%	136	
合计								
价税合计（大写）		玖佰叁拾陆元整					￥936.00	
备注								
销货单位	名称	大连新世纪股份有限公司			税务登记号		210204987027086	
	地址、电话	大连市京连路 0411-81930847			开户银行及账号		中国工商银行京连路分理处 210058615348001	

销货单位（章）　　　　收款人：王艳　　　　复核：赵一　　　　开票人：张斌

收款记账凭证

凭证编号：__2__
2011年1月23日　　　　　　　　　　　　　　　　　　　　借方科目：库存现金

摘要	结算方式	票号	借方科目		金额										记账符号
			总账科目	明细科目	亿	千	百	十	万	千	百	十	元	角	分	
销售甲材料	现支	2 378	主营业务收入								8	0	0	0	0	
			应缴税费	应缴增值税							1	3	6	0	0	
附单据 壹 张			合计							￥	9	3	6	0	0	

3. 31日，分配当月工资385 000元。
该项业务要求审核工资费用分配表、转账凭证。

3-1

工资费用分配表

2011年1月31日　　　　　　　　　　　　　　　　　　　　　　　　　金额单位：元

应借科目	应贷科目：应付职工薪酬			
	生产工人	车间管理人员	厂部管理人员	合计
生产成本—A	180 000			180 000
—B	120 000			120 000
制造费用		50 000		50 000
管理费用			35 000	35 000
合计	300 000	50 000	35 000	385 000

主管：张丽　　　　　　　审核：赵一　　　　　　　制表：张斌

转账记账凭证

2011年1月31日　　　　　　　　　　　　　　　　　　　　　　　　凭证编号：3

摘要	借方科目		贷方科目		金额									记账符号
	总账科目	明细科目	总账科目	明细科目	百	十	万	千	百	十	元	角	分	
分配工资费	生产成本	A产品	应付职工薪酬			1	8	0	0	0	0	0	0	
		B产品	应付职工薪酬			1	2	0	0	0	0	0	0	
	制造费用		应付职工薪酬				5	0	0	0	0	0	0	
	管理费用		应付职工薪酬				3	5	0	0	0	0	0	
附单据壹张	合计				¥	3	8	5	0	0	0	0	0	

转账记账凭证

　年　月　日　　　　　　　　　　　　　　　　　　　　　　　凭证编号：

摘要	借方科目		贷方科目		金额									记账符号
	总账科目	明细科目	总账科目	明细科目	千	百	十	万	千	百	十	元	角	分
附单据　张	合计													

会计主管：　　　　　　　记账：　　　　　　　审核：　　　　　　　制单：

项目六 会计核算的载体——会计账簿

第一部分 基础知识训练

一、单项选择题

1. 总分类账簿应采用（　　）。
   A. 活页账簿　　　　　　　　　　B. 卡片账簿
   C. 订本账簿　　　　　　　　　　D. 备查账簿
2. 应收账款明细账一般采用的格式是（　　）。
   A. 三栏式　　　　　　　　　　　B. 数量金额式
   C. 多栏式　　　　　　　　　　　D. 任意一种明细账格式
3. "生产成本"明细账一般采用（　　）结构。
   A. 三栏式　　　　　　　　　　　B. 多栏式
   C. 数量金额式　　　　　　　　　D. 都可以选择使用
4. 登记账簿的依据是（　　）。
   A. 会计分录　　　　　　　　　　B. 会计凭证
   C. 经济合同　　　　　　　　　　D. 会计报告
5. 新的会计年度开始，启用新账时，可以继续使用，不必更换新账的是（　　）。
   A. 总分类账　　　　　　　　　　B. 银行存款日记账
   C. 固定资产卡片账　　　　　　　D. 管理费用明细表
6. 必须逐日逐笔登记的账簿有（　　）。
   A. 明细账　　　B. 总账　　　C. 日记账　　　D. 备查账
7. 银行存款日记账的借方除了根据银行存款收款凭证登记外，有时还要根据（　　）。
   A. 银行存款付款凭证　　　　　　B. 转账凭证
   C. 现金收款凭证　　　　　　　　D. 现金付款凭证
8. 对某些在序时账簿和分类账簿中未能记载的经济事项进行补充登记的账簿是（　　）。
   A. 分类账簿　　　　　　　　　　B. 序时账簿
   C. 备查账簿　　　　　　　　　　D. 联合账簿
9. 用来记录某一特定种类经济业务发生情况的序时账簿是（　　）。
   A. 普通日记账　　　　　　　　　B. 明细分类账
   C. 专栏日记账　　　　　　　　　D. 特种日记账

10. 总分类账与序时账的外表形式应采用（　　）。
A. 活页式
B. 订本式
C. 卡片式
D. 任意外表形式均可

11. 多栏式日记账属于（　　）。
A. 备查账簿
B. 分类账簿
C. 联合账簿
D. 序时账簿

12. 某会计人员根据记账凭证登记入账时，误将 600 元填写为 6 000 元，而记账凭证无误，应用（　　）予以更正。
A. 红字更正法
B. 补充登记法
C. 划线更正法
D. 平行登记法

13. 发现记账凭证应记科目正确，但所记金额大于应记金额，已登记入账，更正时一般采用（　　）。
A. 划线更正法
B. 红字冲销法
C. 补充登记法
D. 平行登记法

14. 下列适合采用多栏式明细账格式核算的是（　　）。
A. 原材料
B. 制造费用
C. 应付账款
D. 库存商品

15. 更正错账时，划线更正法的适用范围是（　　）。
A. 记账凭证上会计科目或记账方向错误，导致账簿记录错误
B. 记账凭证正确，在记账时发生错误，导致账簿记录错误
C. 记账凭证上会计科目或记账方向正确，所记金额大于应记金额，导致账簿记录错误
D. 记账凭证上会计科目或记账方向正确，所记金额小于应记金额，导致账簿记录错误

16. 启用账簿时，不能在扉页上书写的是（　　）。
A. 单位名称
B. 账簿名称
C. 账户名称
D. 启用日期

17. 登记账簿时，错误的做法是（　　）。
A. 文字和数字的书写占格据的 1/2
B. 使用圆珠笔书写
C. 用红字冲销错记录
D. 在发生的空页上注明"此页空白"

18. 登记账簿时，正确的做法是（　　）。
A. 文字或数字的书写必须占满格
B. 书写可以使用蓝黑墨水圆珠笔或铅笔
C. 用红字冲销错误记录
D. 发生的空行空页一定要补充书写

19. 下列做法错误的是（　　）。
A. 现金日记账采用三栏式账簿
B. 产成品明细账采用数量金额式账簿

C. 生产成本明细账采用三栏式账簿
D. 制造费用明细账采用多栏式账簿

20. 采用补充登记法，是因为（　　），导致账簿记录错误。
A. 记账凭证上会计科目错误
B. 记账凭证上记账方向错误
C. 记账凭证上会计科目或记账方向正确，所记金额大于应记金额
D. 记账凭证上会计科目或记账方向正确，所记金额小于应记金额

21. 结账时，应当划通栏双红线的是（　　）。
A. 12月末结出全年累计发生额后
B. 各月末结出全年累计发生额后
C. 结出本季累计发生额后
D. 结出当月发生额后

22. 对账时，账账核对不包括（　　）。
A. 总账各账户的余额核对
B. 总账与明细账之间的核对
C. 总账与备查账之间的核对
D. 总账与日记账的核对

23. 用转账支票归还欠A公司货款50 000元，会计人员编制的记账凭证为：借记应收账款50 000元，贷记银行存款50 000元，审核并以登记入账，该记账凭证（　　）
A. 没有错误
B. 有错误，使用划线更正法更正
C. 有错误，使用红字冲销法更正
D. 有错误，使用补充登记法更正

24. 下列各项，不属于应收票据对账内容的是（　　）。
A. 应收票据账簿记录与其会计凭证的核对
B. 应收票据明细账与总账的核对
C. 应收票据账簿记录与对方单位账簿记录的核对
D. 应收票据账簿记录与本单位销售收入总额的核对

25. 某会计人员在记账时，将应记入"银行存款"科目借方的5 100元误记为510元。下列方法中，会计人员查找该项错时，应当采用的是（　　）。
A. 除2法
B. 除9法
C. 差数法
D. 尾数法

二、多项选择题

1. 明细分类账可以根据（　　）登记。
A. 自制原始凭证
B. 科目汇总表
C. 外来原始凭证
D. 记账凭证

2. 现金日记账借方登记的依据是（　　）。
A. 现金收款凭证
B. 现金付款凭证
C. 银行存款收款凭证
D. 银行存款付款凭证

3. 为了保证账簿记录的正确性，记账凭证必须具备（　　）等基本内容。
A. 记账凭证的名称、日期、编号
B. 填制单位的名称

C. 所附原始凭证的张数
D. 经济业务的内容摘要及金额
4. 下面适用多栏式格式的明细账有（　　）。
   A. 生产成本　　　　　　　　　　B. 制造费用
   C. 原材料　　　　　　　　　　　D. 应收账款
5. 银行存款日记账登记的依据是（　　）。
   A. 银行存款收款凭证　　　　　　B. 银行存款付款凭证
   C. 现金付款凭证　　　　　　　　D. 现金收款凭证
6. 必须每年更换的账簿有（　　）。
   A. 序时账簿　　　　　　　　　　B. 总分类账簿
   C. 所有的明细分类账　　　　　　D. 固定资产卡片账
7. 下列应采用三栏式明细账分类账的有（　　）。
   A. 应收账款　　　　　　　　　　B. 原材料
   C. 物资采购　　　　　　　　　　D. 预收账款
8. 下列应采用多栏式明细分类账的有（　　）。
   A. 生产成本　　　　　　　　　　B. 产成品
   C. 本年利润　　　　　　　　　　D. 材料采购
9. 数量金额式明细账的账页，分别设有收入、发出和结余的（　　）。
   A. 数量栏　　　　　　　　　　　B. 借方栏
   C. 贷方栏　　　　　　　　　　　D. 金额栏
10. 任何会计主体都必须设置的账簿有（　　）。
    A. 日记账　　　　　　　　　　　B. 辅助账
    C. 总分类账　　　　　　　　　　D. 备查账簿
11. 账簿启用和经管人员一览表应载明的事项有（　　）。
    A. 启用日期　　　　　　　　　　B. 银行存款日记账
    C. 经管人员的姓名　　　　　　　D. 加盖公章
12. （　　）属于登记账簿的要求。
    A. 不得用铅笔
    B. 各种账簿按页次顺序连续登记，不得跳行、隔页。
    C. 账簿书写的文字和数字上面要留有适当的空距，一般应占格长1/3
    D. 登记账簿要用圆珠笔、蓝黑或黑色墨水书写
13. 下列各项，根据《企业会计制度》，应建立备查账簿登记的有（　　）。
    A. 银行存款　　　　　　　　　　B. 融资租入设备
    C. 经营租入设备　　　　　　　　D. 已贴现应收票据
14. 下列项目中，可以采用数量金额式格式的是（　　）。
    A. 银行存款日记账　　　　　　　B. 应收账款明细分类账
    C. 库存商品明细分类账　　　　　D. 材料明细分类账
15. 对账的内容有（　　）。

A. 账实核对 B. 账证核对
C. 账账核对 D. 表表核对

16. 在会计账簿登记中，可以用红色墨水记账的有（   ）。
   A. 更正会计科目和金额同时错误的记账凭证
   B. 登记减少数
   C. 未印有余额方向的，在余额栏内登记相反方向数额
   D. 更正会计科目正确但金额多记的记账凭证

17. 在会计账簿扉页上填列的内容包括（   ）。
   A. 账簿名称 B. 单位名称
   C. 账户名称 D. 起止页次

18. 必须逐日结出余额的账簿是（   ）。
   A. 现金总账 B. 银行存款总账
   C. 现金日记账 D. 银行存款日记账

19. 收回货款 1 500 元存入银行，记账凭证误填为 15 000 元，并已入账。错误的更正方法是（   ）。
   A. 采用划线更正法更正
   B. 用蓝字借记"银行存款"，贷记"应收账款"
   C. 用蓝字借记"应收账款"，贷记"银行存款"
   D. 用红字借记"银行存款"，贷记"应收账款"

20. 结账时，正确的做法是（   ）。
   A. 结出当月发生额的，在"本月合计"下面通栏划单红线
   B. 结出本年累计发生额的，在"本年累计"下面通栏划单红线
   C. 12 月末，结出全年累计发生额的，在下面通栏划单红线
   D. 12 月末，结出全年累计发生额的，在下面通栏划双红线

21. 出纳人员可以登记和保管的账簿是（   ）。
   A. 现金日记账 B. 银行存款日记账
   C. 现金总账 D. 银行存款总账

22. 下列必须逐日逐笔登记明细账的是（   ）
   A. 原材料 B. 应收账款
   C. 应付账款 D. 管理费用

三、判断题

1. 备查账簿也是编制企业会计报表的直接依据。（   ）
2. 总分类账户及其所属明细分类账必须在同一会计期间内登记。（   ）
3. 总分类账户与其所属明细分类账户平行登记，总账本期发生额与其所属明细账本期发生额之和相等。（   ）
4. 对于存货账户的明细分类账，应采用多栏式账簿。（   ）
5. 为了实行钱账分管原则，通常由出纳人员填制收款凭证和付款凭证，由会计人员登记现金日记账和银行存款日记账。（   ）

6. 年终结账时，有余额的账户，应将其余额直接记入新账余额栏内，不需要编制记账凭证。( )
7. 任何单位，对账工作每年至少进行一次。( )
8. 企业的序时账簿和分类账簿必须采用订本式账簿。( )
9. 使用订本账时，要为每一账户预留若干空白账页。( )
10. 现金日记账的借方是根据收款凭证登记的，贷方是根据付款凭证登记的。( )

第二部分　业务技能训练

实训一　日记账的登记

一、实训目的

日记账是按照经济业务发生时间的先后顺序逐日连续记录某一经济业务的簿籍，一般包括现金日记账和银行存款日记账两种。通过实训使学生了解日记账的账页格式，掌握现金日记账和银行存款日记账的登记方法。

二、实训要求

1. 设置三栏式的现金日记账和银行存款日记账，将 2010 年 9 月 1 日期初余额计入现金和银行存款日记账。
2. 根据实训资料所述的经济业务编制有关收、付款凭证。
3. 根据编制的收、付款凭证登记现金和银行存款日记账，并结余额。

三、实训资料

大华有限责任公司 2010 年 9 月 1 日现金日记账和银行存款日记账月初余额分别为 492 元和 105 600 元。该公司 2010 年 9 月份发生下列经济业务：

1. 1 日，销售甲产品 1 000 件，货款 50 000 元，增值税额 8 500 元，当即收到存入银行。
2. 3 日，从银行提取现金 500 元。
3. 4 日，用银行存款支付购 A 材料 10 000 千克，货款 30 000 元及增值税款 5 100 元，材料验收入库。
4. 8 日，以现金 160 元支付购 A 材料 10 000 千克的运杂费。
5. 12 日，采购员方明预借差旅费 300 元，财务科用现金付讫。
6. 15 日，收到职工王小云交来现金 20 元，该款项系向其收取的工具损坏赔偿款。
7. 19 日，以银行存款支付本月产品销售广告费 4 000 元。
8. 20 日，以银行存款将预提的短期借款利息 7 200 元付讫。
9. 22 日，以银行存款预付南宁厂货款 80 000 元。
10. 24 日，从银行提取现金 600 元。
11. 25 日，厂长丁松云预借差旅费 700 元，财务科用现金付讫。
12. 26 日，出租包装物收到金象厂付来押金 750 元，存入银行。
13. 30 日，以银行存款支付财产保险费 9 600 元。

项目六 会计核算的载体——会计账簿

收款记账凭证

凭证编号：　　　　出纳编号：
年　月　日　　　　借方科目：

摘要	结算方式	票号	贷方科目		金额										记账符号
			总账科目	明细科目	千	百	十	万	千	百	十	元	角	分	

会计主管人员：　　　记账：　　　稽核：　　　制单：　　　出纳：　　　交领款人：

收款记账凭证

凭证编号：　　　　出纳编号：
年　月　日　　　　借方科目：

摘要	结算方式	票号	贷方科目		金额										记账符号
			总账科目	明细科目	千	百	十	万	千	百	十	元	角	分	

会计主管人员：　　　记账：　　　稽核：　　　制单：　　　出纳：　　　交领款人：

收款记账凭证

凭证编号：　　　　出纳编号：
年　月　日　　　　借方科目：

摘要	结算方式	票号	贷方科目		金额										记账符号
			总账科目	明细科目	千	百	十	万	千	百	十	元	角	分	

会计主管人员：　　　记账：　　　稽核：　　　制单：　　　出纳：　　　交领款人：

付款记账凭证

凭证编号：　　　　　出纳编号：
年　月　日　　　　　贷方科目：

摘要	结算方式	票号	借方科目		金额										记账符号
			总账科目	明细科目	千	百	十	万	千	百	十	元	角	分	
附单据　　张			合计												

会计主管人员：　　　记账：　　　稽核：　　　制单：　　　出纳：　　　交领款人：

付款记账凭证

凭证编号：　　　　　出纳编号：
年　月　日　　　　　贷方科目：

摘要	结算方式	票号	借方科目		金额										记账符号
			总账科目	明细科目	千	百	十	万	千	百	十	元	角	分	
附单据　　张			合计												

会计主管人员：　　　记账：　　　稽核：　　　制单：　　　出纳：　　　交领款人：

付款记账凭证

凭证编号：　　　　　出纳编号：
年　月　日　　　　　贷方科目：

摘要	结算方式	票号	借方科目		金额										记账符号
			总账科目	明细科目	千	百	十	万	千	百	十	元	角	分	
附单据　　张			合计												

会计主管人员：　　　记账：　　　稽核：　　　制单：　　　出纳：　　　交领款人：

付款记账凭证

凭证编号：　　　出纳编号：

年　月　日　　　贷方科目：

摘要	结算方式	票号	借方科目		金额										记账符号
			总账科目	明细科目	千	百	十	万	千	百	十	元	角	分	
附单据　　张			合计												

会计主管人员：　　记账：　　稽核：　　制单：　　出纳：　　交领款人：

付款记账凭证

凭证编号：　　　出纳编号：

年　月　日　　　贷方科目：

摘要	结算方式	票号	借方科目		金额										记账符号
			总账科目	明细科目	千	百	十	万	千	百	十	元	角	分	
附单据　　张			合计												

会计主管人员：　　记账：　　稽核：　　制单：　　出纳：　　交领款人：

付款记账凭证

凭证编号：　　　出纳编号：

年　月　日　　　贷方科目：

摘要	结算方式	票号	借方科目		金额										记账符号
			总账科目	明细科目	千	百	十	万	千	百	十	元	角	分	
附单据　　张			合计												

会计主管人员：　　记账：　　稽核：　　制单：　　出纳：　　交领款人：

付款记账凭证

凭证编号： 出纳编号：
年 月 日 贷方科目：

摘要	结算方式	票号	借方科目		金额										记账符号
			总账科目	明细科目	千	百	十	万	千	百	十	元	角	分	
附单据　张			合计												

会计主管人员： 记账： 稽核： 制单： 出纳： 交领款人：

付款记账凭证

凭证编号： 出纳编号：
年 月 日 贷方科目：

摘要	结算方式	票号	借方科目		金额										记账符号
			总账科目	明细科目	千	百	十	万	千	百	十	元	角	分	
附单据　张			合计												

会计主管人员： 记账： 稽核： 制单： 出纳： 交领款人：

付款记账凭证

凭证编号： 出纳编号：
年 月 日 贷方科目：

摘要	结算方式	票号	借方科目		金额										记账符号
			总账科目	明细科目	千	百	十	万	千	百	十	元	角	分	
附单据　张			合计												

会计主管人员： 记账： 稽核： 制单： 出纳： 交领款人：

付款记账凭证

凭证编号：　　　出纳编号：
　　　　　　　　年　月　日　　　　　　　贷方科目：

摘要	结算方式	票号	借方科目		金额										记账符号
			总账科目	明细科目	千	百	十	万	千	百	十	元	角	分	
附单据　　张			合计												

会计主管人员：　　　记账：　　　稽核：　　　制单：　　　出纳：　　　交领款人：

付款记账凭证

凭证编号：　　　出纳编号：
　　　　　　　　年　月　日　　　　　　　贷方科目：

摘要	结算方式	票号	借方科目		金额										记账符号
			总账科目	明细科目	千	百	十	万	千	百	十	元	角	分	
附单据　　张			合计												

会计主管人员：　　　记账：　　　稽核：　　　制单：　　　出纳：　　　交领款人：

转账记账凭证

　　　　　　　　年　月　日　　　　　　　凭证编号：

摘要	借方科目		贷方科目		金额										记账符号
	总账科目	明细科目	总账科目	明细科目	千	百	十	万	千	百	十	元	角	分	
附单据　　张			合计												

会计主管：　　　记账：　　　审核：　　　制单：

现金日记账

账户名称：

××年		凭证		摘要	对方科目	收入	付出	结余
月	日	字	号					

银行存款日记账

账户名称：

××年		凭证		摘要	对方科目	收入	付出	结余
月	日	字	号					

实训二 分类账簿的设置和登记

一、实训目的

分类账簿是按照账户对经济业务进行分类核算的账簿，按其反映内容详细程度不同，可分为总分类账簿和明细分类账簿。本项实训通过登记应付账款明细账、原材料明细账、生产成本明细账，掌握登记一般明细账的方法，通过逐笔登记总账，初步掌握登记总账的方法并进一步明确总分类账和明细分类账平行登记的要点和平行登记的结果。

二、实训要求

1. 根据资料（一）编制有关的记账凭证，设置、登记三栏式的应付账款明细分类账。
2. 根据资料（二）编制有关的记账凭证，设置、登记数量金额式的原材料明细分类账。
3. 根据资料（三）编制有关的记账凭证，设置、登记多栏式的生产成本明细分类账。
4. 根据资料（一）（二）（三）编制的有关记账凭证，分别设置并逐笔登记应付账款、原材料、生产成本总账。

三、实训资料

（一）龙门厂2011年5月1日"应付账款"总分类账户的期初余额为80 000元，其中武胜厂为70 000元，鸿翔厂10 000元。该厂5月份发生下列有关应付账款的结算业务：

1. 2日，购买玉泉厂甲材料10 000千克，货款50 000元，增值税款5 100元，货款及增值税未付。
2. 3日，以银行存款归还上月欠武胜厂的货款70 000元。
3. 7日，以银行存款归还上月欠鸿翔厂的货款10 000元。
4. 11日，购买武胜厂乙材料20 000千克，货款40 000元，增值税款6 800元，货款及增值税未付。
5. 14日，以银行存款归还所欠玉泉厂5月2日的货款58 500元。
6. 16日，购买玉泉厂丙材料60 000千克，货款60 000元，增值税款10 200元，货款及增值税未付。
7. 20日，购买鸿翔厂乙材料10 000千克，货款20 000元，增值税款3 400元，货款及增值税未付。
8. 23日，以银行存款归还所欠武胜厂5月11日的货款46 800元。
9. 28日，以银行存款归还所欠鸿翔厂5月20日的货款23 400元。
10. 30日，以银行存款预付武胜厂货款20 000元。

（二）龙门厂2010年5月1日"原材料"总分类账户的期初余额为198 000元，其中甲材料20 000千克，每千克5元，共计100 000元；乙材料30 000千克，每千克2元，共计60 000

元；丙材料38 000千克，每千克1元，共计38 000元。该厂5月份发生下列有关材料收发的经济业务：

1. 2日，外购甲材料10 000千克验收入库，结转其实际采购成本50 000元。
2. 3日，生产产品领用乙材料15 000千克，计30 000元。
3. 6日，生产产品领用甲材料8 000千克，计40 000元。
4. 10日，生产车间修理机器设备领用丙材料3 000千克，计3 000元。
5. 11日，外购乙材料20 000千克验收入库，结转其实际采购成本40 000元。
6. 14日，生产产品领用乙材料30 000千克，计60 000元。
7. 16日，外购丙材料60 000千克验收入库，结转其实际采购成本60 000元。
8. 19日，生产产品领用甲材料7 000千克，计35 000元。
9. 20日，外购乙材料10 000千克验收入库，结转其实际采购成本20 000元。
10. 27日，生产产品领用丙材料63 000千克，计63 000元。

（三）钟山厂2010年5月1日"生产成本"账户的期初余额为12 800元，即在制甲产品100件的生产成本，其中材料10 050元，动力350元，生产工人工资1 700元，制造费用700元。该厂1月份投产甲、乙产品各400件，发生的费用除材料消耗外均按产品工时比例分配，甲、乙产品的工时分别为6 000小时和4 000小时。

1. 3日，生产乙产品领用A材料11 000千克，计33 000元。
2. 8日，生产甲产品领用B材料21 600千克，计43 200元。
3. 31日，结算和分配1月份应付生产工人工资25 000元。
4. 31日，结算和分配1月份应付生产用动力电费5 000元。
5. 31日，结算和分配1月份制造费用10 000元。
6. 31日，甲产品500件全部验收入库，结转其实际生产成本。

通用记账凭证

年 月 日　　　　　　　　　　　凭证编号：

摘要	结算方式	票号	会计科目		借方金额										记账符号	贷方金额										记账符号
			总账科目	明细科目	千	百	十	万	千	百	十	元	角	分		千	百	十	万	千	百	十	元	角	分	
附单据	张		合计																							

会计主管人员：　　　　记账：　　　　稽核：　　　　制单：　　　　出纳：　　　　交领款人：

通用记账凭证

年 月 日　　　　　　　　凭证编号：

摘要	结算方式	票号	会计科目		借方金额										记账符号	贷方金额										记账符号
			总账科目	明细科目	千	百	十	万	千	百	十	元	角	分		千	百	十	万	千	百	十	元	角	分	
附单据　　张			合计																							

会计主管人员：　　　记账：　　　稽核：　　　制单：　　　出纳：　　　交领款人：

通用记账凭证

年 月 日　　　　　　　　凭证编号：

摘要	结算方式	票号	会计科目		借方金额										记账符号	贷方金额										记账符号
			总账科目	明细科目	千	百	十	万	千	百	十	元	角	分		千	百	十	万	千	百	十	元	角	分	
附单据　　张			合计																							

会计主管人员：　　　记账：　　　稽核：　　　制单：　　　出纳：　　　交领款人：

通用记账凭证

年 月 日　　　　　　　　凭证编号：

摘要	结算方式	票号	会计科目		借方金额										记账符号	贷方金额										记账符号
			总账科目	明细科目	千	百	十	万	千	百	十	元	角	分		千	百	十	万	千	百	十	元	角	分	
附单据　　张			合计																							

会计主管人员：　　　记账：　　　稽核：　　　制单：　　　出纳：　　　交领款人：

通用记账凭证

年 月 日　　　　　　　　凭证编号：

摘要	结算方式	票号	会计科目		借方金额										记账符号	贷方金额										记账符号
			总账科目	明细科目	千	百	十	万	千	百	十	元	角	分		千	百	十	万	千	百	十	元	角	分	
附单据　　张			合计																							

会计主管人员：　　　记账：　　　稽核：　　　制单：　　　出纳：　　　交领款人：

通用记账凭证

　　　　　　　　　　　　年　月　日　　　　　　　　　　　凭证编号：

摘要	结算方式	票号	会计科目		借方金额										记账符号	贷方金额										记账符号
			总账科目	明细科目	千	百	十	万	千	百	十	元	角	分		千	百	十	万	千	百	十	元	角	分	
附单据　张			合计																						

会计主管人员：　　　记账：　　　稽核：　　　制单：　　　出纳：　　　交领款人：

通用记账凭证

　　　　　　　　　　　　年　月　日　　　　　　　　　　　凭证编号：

摘要	结算方式	票号	会计科目		借方金额										记账符号	贷方金额										记账符号
			总账科目	明细科目	千	百	十	万	千	百	十	元	角	分		千	百	十	万	千	百	十	元	角	分	
附单据　张			合计																						

会计主管人员：　　　记账：　　　稽核：　　　制单：　　　出纳：　　　交领款人：

通用记账凭证

　　　　　　　　　　　　年　月　日　　　　　　　　　　　凭证编号：

摘要	结算方式	票号	会计科目		借方金额										记账符号	贷方金额										记账符号
			总账科目	明细科目	千	百	十	万	千	百	十	元	角	分		千	百	十	万	千	百	十	元	角	分	
附单据　张			合计																						

会计主管人员：　　　记账：　　　稽核：　　　制单：　　　出纳：　　　交领款人：

通用记账凭证

　　　　　　　　　　　　年　月　日　　　　　　　　　　　凭证编号：

摘要	结算方式	票号	会计科目		借方金额										记账符号	贷方金额										记账符号
			总账科目	明细科目	千	百	十	万	千	百	十	元	角	分		千	百	十	万	千	百	十	元	角	分	
附单据　张			合计																						

会计主管人员：　　　记账：　　　稽核：　　　制单：　　　出纳：　　　交领款人：

项目六 会计核算的载体——会计账簿

通用记账凭证

年　月　日　　　　　　　　　凭证编号：

摘要	结算方式	票号	会计科目		借方金额										记账符号	贷方金额										记账符号
			总账科目	明细科目	千	百	十	万	千	百	十	元	角	分		千	百	十	万	千	百	十	元	角	分	
附单据　　张			合计																							

会计主管人员：　　　记账：　　　稽核：　　　制单：　　　出纳：　　　交领款人：

通用记账凭证

年　月　日　　　　　　　　　凭证编号：

摘要	结算方式	票号	会计科目		借方金额										记账符号	贷方金额										记账符号
			总账科目	明细科目	千	百	十	万	千	百	十	元	角	分		千	百	十	万	千	百	十	元	角	分	
附单据　　张			合计																							

会计主管人员：　　　记账：　　　稽核：　　　制单：　　　出纳：　　　交领款人：

通用记账凭证

年　月　日　　　　　　　　　凭证编号：

摘要	结算方式	票号	会计科目		借方金额										记账符号	贷方金额										记账符号
			总账科目	明细科目	千	百	十	万	千	百	十	元	角	分		千	百	十	万	千	百	十	元	角	分	
附单据　　张			合计																							

会计主管人员：　　　记账：　　　稽核：　　　制单：　　　出纳：　　　交领款人：

通用记账凭证

年　月　日　　　　　　　　　凭证编号：

摘要	结算方式	票号	会计科目		借方金额										记账符号	贷方金额										记账符号
			总账科目	明细科目	千	百	十	万	千	百	十	元	角	分		千	百	十	万	千	百	十	元	角	分	
附单据　　张			合计																							

会计主管人员：　　　记账：　　　稽核：　　　制单：　　　出纳：　　　交领款人：

通用记账凭证

年 月 日　　　　　　　　　　　　　凭证编号：

摘要	结算方式	票号	会计科目		借方金额										记账符号	贷方金额										记账符号
			总账科目	明细科目	千	百	十	万	千	百	十	元	角	分		千	百	十	万	千	百	十	元	角	分	
附单据　张			合计																							

会计主管人员：　　　记账：　　　稽核：　　　制单：　　　出纳：　　　交领款人：

通用记账凭证

年 月 日　　　　　　　　　　　　　凭证编号：

摘要	结算方式	票号	会计科目		借方金额										记账符号	贷方金额										记账符号
			总账科目	明细科目	千	百	十	万	千	百	十	元	角	分		千	百	十	万	千	百	十	元	角	分	
附单据　张			合计																							

会计主管人员：　　　记账：　　　稽核：　　　制单：　　　出纳：　　　交领款人：

通用记账凭证

年 月 日　　　　　　　　　　　　　凭证编号：

摘要	结算方式	票号	会计科目		借方金额										记账符号	贷方金额										记账符号
			总账科目	明细科目	千	百	十	万	千	百	十	元	角	分		千	百	十	万	千	百	十	元	角	分	
附单据　张			合计																							

会计主管人员：　　　记账：　　　稽核：　　　制单：　　　出纳：　　　交领款人：

通用记账凭证

年 月 日　　　　　　　　　　　　　凭证编号：

摘要	结算方式	票号	会计科目		借方金额										记账符号	贷方金额										记账符号
			总账科目	明细科目	千	百	十	万	千	百	十	元	角	分		千	百	十	万	千	百	十	元	角	分	
附单据　张			合计																							

会计主管人员：　　　记账：　　　稽核：　　　制单：　　　出纳：　　　交领款人：

项目六 会计核算的载体——会计账簿

通用记账凭证

年 月 日　　　　　　　　　　凭证编号：

摘要	结算方式	票号	会计科目		借方金额									记账符号	贷方金额									记账符号
			总账科目	明细科目	千	百	十	万	千	百	十	元	角	分		千	百	十	万	千	百	十	元	角	分	
附单据　张			合计																							

会计主管人员：　　　记账：　　　稽核：　　　制单：　　　出纳：　　　交领款人：

通用记账凭证

年 月 日　　　　　　　　　　凭证编号：

摘要	结算方式	票号	会计科目		借方金额									记账符号	贷方金额									记账符号
			总账科目	明细科目	千	百	十	万	千	百	十	元	角	分		千	百	十	万	千	百	十	元	角	分	
附单据　张			合计																							

会计主管人员：　　　记账：　　　稽核：　　　制单：　　　出纳：　　　交领款人：

通用记账凭证

年 月 日　　　　　　　　　　凭证编号：

摘要	结算方式	票号	会计科目		借方金额									记账符号	贷方金额									记账符号
			总账科目	明细科目	千	百	十	万	千	百	十	元	角	分		千	百	十	万	千	百	十	元	角	分	
附单据　张			合计																							

会计主管人员：　　　记账：　　　稽核：　　　制单：　　　出纳：　　　交领款人：

通用记账凭证

年 月 日　　　　　　　　　　凭证编号：

摘要	结算方式	票号	会计科目		借方金额									记账符号	贷方金额									记账符号
			总账科目	明细科目	千	百	十	万	千	百	十	元	角	分		千	百	十	万	千	百	十	元	角	分	
附单据　张			合计																							

会计主管人员：　　　记账：　　　稽核：　　　制单：　　　出纳：　　　交领款人：

通用记账凭证

年　月　日　　　　　　　　　　　　　凭证编号：

摘要	结算方式	票号	会计科目		借方金额										记账符号	贷方金额										记账符号
			总账科目	明细科目	千	百	十	万	千	百	十	元	角	分		千	百	十	万	千	百	十	元	角	分	
附单据　　张			合计																						

会计主管人员：　　　记账：　　　稽核：　　　制单：　　　出纳：　　　交领款人：

通用记账凭证

年　月　日　　　　　　　　　　　　　凭证编号：

摘要	结算方式	票号	会计科目		借方金额										记账符号	贷方金额										记账符号
			总账科目	明细科目	千	百	十	万	千	百	十	元	角	分		千	百	十	万	千	百	十	元	角	分	
附单据　　张			合计																						

会计主管人员：　　　记账：　　　稽核：　　　制单：　　　出纳：　　　交领款人：

通用记账凭证

年　月　日　　　　　　　　　　　　　凭证编号：

摘要	结算方式	票号	会计科目		借方金额										记账符号	贷方金额										记账符号
			总账科目	明细科目	千	百	十	万	千	百	十	元	角	分		千	百	十	万	千	百	十	元	角	分	
附单据　　张			合计																						

会计主管人员：　　　记账：　　　稽核：　　　制单：　　　出纳：　　　交领款人：

通用记账凭证

年　月　日　　　　　　　　　　　　　凭证编号：

摘要	结算方式	票号	会计科目		借方金额										记账符号	贷方金额										记账符号
			总账科目	明细科目	千	百	十	万	千	百	十	元	角	分		千	百	十	万	千	百	十	元	角	分	
附单据　　张			合计																						

会计主管人员：　　　记账：　　　稽核：　　　制单：　　　出纳：　　　交领款人：

通用记账凭证

年　月　日　　　　　　　　　　凭证编号：

摘要	结算方式	票号	会计科目		借方金额										记账符号	贷方金额										记账符号
			总账科目	明细科目	千	百	十	万	千	百	十	元	角	分		千	百	十	万	千	百	十	元	角	分	
附单据　　张			合计																						

会计主管人员：　　　记账：　　　稽核：　　　制单：　　　出纳：　　　交领款人：

通用记账凭证

年　月　日　　　　　　　　　　凭证编号：

摘要	结算方式	票号	会计科目		借方金额										记账符号	贷方金额										记账符号
			总账科目	明细科目	千	百	十	万	千	百	十	元	角	分		千	百	十	万	千	百	十	元	角	分	
附单据　　张			合计																						

会计主管人员：　　　记账：　　　稽核：　　　制单：　　　出纳：　　　交领款人：

应付账款明细分类账

账户名称：

年		凭证号	摘要	对方科目	借方	贷方	借或贷	余额
月	日							

应付账款明细分类账

账户名称：

年		凭证号	摘要	对方科目	借方	贷方	借或贷	余额
月	日							

应付账款明细分类账

账户名称：

年		凭证号	摘要	对方科目	借方	贷方	借或贷	余额
月	日							

原材料明细账

账户名称：

年		凭证号	摘要	收入			发出			结存		
月	日			数量	单价	金额	数量	单价	金额	数量	单价	金额

原材料明细账

账户名称：

年		凭证号	摘要	收入			发出			结存		
月	日			数量	单价	金额	数量	单价	金额	数量	单价	金额

原材料明细账

账户名称：

年		凭证号	摘要	收入			发出			结存		
月	日			数量	单价	金额	数量	单价	金额	数量	单价	金额

生产成本明细分类账

账户名称：

年		凭证号数	摘要	借方					贷方	余额
月	日			直接材料	动力	直接人工	制造费用	合计		

生产成本明细分类账

账户名称：

年		凭证号数	摘要	借方					贷方	余额
月	日			直接材料	动力	直接人工	制造费用	合计		

生产成本明细分类账

账户名称：

年		凭证号数	摘要	借方					贷方	余额
月	日			直接材料	动力	直接人工	制造费用	合计		

总　账

会计科目：

年		凭证号	摘要	借方										贷方										借或贷	余额									
月	日			亿	千	百	十	万	千	百	十	元	角	分	亿	千	百	十	万	千	百	十	元	角	分		亿	千	百	十	万	千	百	十	元	角	分

总　账

会计科目：

年 月 日	凭证号	摘要	借方 亿千百十万千百十元角分	贷方 亿千百十万千百十元角分	借或贷	余额 亿千百十万千百十元角分

总　账

会计科目：

年 月 日	凭证号	摘要	借方 亿千百十万千百十元角分	贷方 亿千百十万千百十元角分	借或贷	余额 亿千百十万千百十元角分

总　账

会计科目：

年 月 日	凭证号	摘要	借方 亿千百十万千百十元角分	贷方 亿千百十万千百十元角分	借或贷	余额 亿千百十万千百十元角分

实训三 结 账

一、实训目的

通过实训使学生掌握结账的种类及各种结账方法，提高学生对结账业务的处理能力。

二、实训要求

对实训资料所列账户采用适当方式结账。

三、实训资料

1. 银河公司 2011 年 10 月应付武胜厂明细账情况如下：

应付账款明细分类账

账户名称：应付账款—武胜厂

2011年 月	日	凭证号	摘要	对方科目	借方	贷方	借或贷	余额
			承前页				贷	70 000
10	3	005	归还武胜厂货款	银行存款	70 000		平	0
10	11	085	购武胜厂乙材料	材料采购应缴税费		46 800	贷	46 800
10	23	100	归还武胜厂货款	银行存款	46 800		平	0
11	5	003	购武胜厂乙材料	材料采购应缴税费		79 600	贷	79 600
11	9	012	购武胜厂乙材料	材料采购应缴税费		79 600	贷	159 200

2. 银河公司 2011 年 1 月现金日记账情况如下：

现金日记账

2011年 月	日	凭证号	摘要	对方科目	借方	贷方	借或贷	余额
			上年结转				借	492
1	3	略	提现	银行存款	500		借	992
1	8	略	支付材料运费	材料采购		160	借	832
1	12	略	方明借差旅费	其他应收款		300	借	532
1	25	略	王小云赔偿款	其他应收款	20		借	552
1	24	略	提现	银行存款	600		借	1 152
1	25	略	厂长借差旅费	其他应收款		700	借	452

3. 银河公司2011年12月银行存款日记账情况如下：

银行存款日记账

2007年		凭证号	摘要	对方科目	借方	贷方	借或贷	余额
月	日							
			承前页				借	105 600
12	1	略	销售货物	应缴税费 主营业务收入	58 500		借	164 100
12	3	略	提现	库存现金		500	借	163 600
12	4	略	购入材料	材料采购应缴税费		35 000	借	128 600
12	19	略	支付广告费	销售费用		4 000	借	124 600
12	20	略	支付借款利息	应付利息		7 200	借	117 400
12	22	略	预付南宁厂货款	预付账款		80 000	借	37 400
12	24	略	提现	库存现金		600	借	36 800
12	26	略	收包装物押金	其他应付款	750		借	37 550
12	30	略	付财产保险费	管理费用		9 600	借	27 950

4. 银河公司2011年1月A产品主营业务成本明细账如下：

主营业务成本明细分类账

账户名称：主营业务收入—A产品

2011年		凭证号码	摘要	借方	贷方	借或贷	余额
月	日						
1	21	转25	结转A销售成本	1 800			
1	30	转27	结转A销售成本	3 800			
1	31	转30	转入"本年利润"		5 600	平	0

5. 银河公司2011年1~11月A产品累计实现销售收入24 800元，12月份A产品主营业务收入明细账如下：

主营业务成本明细分类账

账户名称：主营业务收入—A产品

2011年		凭证号码	摘要	借方	贷方	借或贷	余额
月	日						
			承前页	24 800	28 000	贷	
12	10	收1	售甲A产品		2 500	贷	
12	20	收2	售乙A产品		300	贷	
12	31	转26	转入"本年利润"	6 000		平	0

6. 机床公司2011年银行存款总账情况如下：

总　账

科目名称：银行存款

2011年		凭证号	摘要	借方	贷方	借或贷	余额
月	日						
			上年结转			借	105 600
1	31		1~31日	58 500	25 845	借	138 255
2	28		1~28日	456 789	36 598	借	558 446
3	31		1~31日	123 478	49 364	借	632 560
4	30		1~30日	369 284	4 000	借	997 844
5	31		1~31日	36 245	7 200	借	1 026 889
6	30		1~30日	72 341	80 000	借	1 019 230
7	31		1~31日	53 659	600	借	1 072 289
8	31		1~31日	660 559	68 975	借	1 663 873
9	30		1~30日	35 617	9 600	借	1 689 890
10	31		1~31日	46 324	226 589	借	1 509 625
11	30		1~30日	56 987	33 456	借	1 533 156
12	31		1~31日	33 658	44 678	借	1 522 136

实训四　错账更正

一、实训目的

通过实训使学生掌握错账的更正方法，提高学生错账更正能力。

二、实训资料

见下列所附业务资料。

三、实训要求

对实训资料所列错账采用适当方式更正。

业务资料：

1. A 公司在记账时，发现银行存款日记账误将银付 2 号凭证从银行提现金 6 000 元记为 5 000 元，记账凭证无误。

银行存款日记账

2011 年		凭证号码	摘要	对方科目	借方	贷方	借或贷	余额
月	日							
			承前页				借	52 500
10	1	银付1	购买办公设备	固定资产		5 200	借	47 300
10	1	银付2	从银行提现金	库存现金		5 000	借	42 300
10	1	银收1	收上月货款	应收账款	10 000		借	52 300

2. B公司在记账时，发现银行存款日记账误将银付2号凭证从银行提现金5 000元记为借方，记账凭证无误。

银行存款日记账

2011年		凭证号码	摘要	对方科目	借方	贷方	借或贷	余额
月	日							
			承前页				借	52 500
10	1	银付1	购买办公设备	固定资产		5 200	借	47 300
10	1	银付2	从银行提现金	库存现金	5 000		借	52 300
10	1	银收1	收上月货款	应收账款	10 000		借	62 300

3. C公司在记账时，发现银行存款日记账误将银收1号收上月货款对应科目应收账款记为其他应收款，记账凭证无误。

银行存款日记账

2011年		凭证号	摘要	对方科目	借方	贷方	借或贷	余额
月	日							
			承前页				借	52 500
10	1	银付1	购买办公设备	固定资产		5 200	借	47 300
10	1	银付2	从银行提现金	库存现金		5 000	借	42 300
10	1	银收1	收上月货款	其他应收款	10 000		借	52 300

4. D公司2011年10月在记账之前发现误将转字第1号凭证中的合计金额29 250元记为28 250元。

转账凭证

2011年10月2日　　　　　　　　　　　　　　　　　　　　　　转字　第1号

摘要	一级科目	二级或明细科目	借方金额	贷方金额	记账√
赊购材料	原材料	甲材料	25 000		
	应缴税费	应缴增值税—进项税额	4 250		
	银行存款			29 250	
附件1张		合计	¥ 28 250	¥ 28 250	

会计主管：　　　　　　　　记账：张强　　　　　　　复核：　　　　　　　制证：王兰

5. E公司2011年10月在记账之前发现误将转字第1号凭证中的一级科目银行存款记为现金。

转账凭证

2011年10月2日　　　　　　　　　　　　　　　　　　　　　　转字　第1号

摘要	一级科目	二级或明细科目	借方金额	贷方金额	记账√
赊购材料	原材料	甲材料	25 000		
	应缴税费	应缴增值税—进项税额	4 250		
	现金			29 250	
附件1张		合计	¥ 29 250	¥ 29 250	

会计主管：　　　　　　　　记账：张强　　　　　　　复核：　　　　　　　制证：王兰

6. F公司2011年10月29日发现本月18日从海昌公司赊购原材料，价款25 000元，增值税4 250元，作如下账务处理。

转账凭证

2011年10月2日　　　　　　　　　　　　　　　　　　　　　　转字　第1号

摘要	一级科目	二级或明细科目	借方金额	贷方金额	记账√
赊购材料	原材料	甲材料	25 000		
	应缴税费	应缴增值税—进项税额	4 250		
	银行存款			29 250	
附件1张		合计	¥ 29 250	¥ 29 250	

会计主管：　　　　　　　　记账：张强　　　　　　　复核：　　　　　　　制证：王兰

其银行存款、应付账款账簿记录情况如下:

银行存款日记账

2011年		凭证号码	摘要	对方科目	借方	贷方	借或贷	余额
月	日							
			承前页				借	52 500
10	1	银付1	购买办公设备	固定资产		5 200	借	47 300
10	1	银付2	从银行提现金	库存现金		5 000	借	42 300
10	1	银收1	收上月货款	应收账款	10 000		借	52 300
10	18	转字1	赊购材料	原材料		29 250	借	23 050
10	19	银付5	从银行提现金	库存现金		5 000	借	18 050

应付账款明细分类账

账户名称：应付账款—海昌公司

2011年		凭证号码	摘要	对方科目	借方	贷方	借或贷	余额
月	日							
			承前页				贷	70 000
10	3	略	还款	银行存款	70 000		平	0
10	11	略	赊购甲材料	原材料等		46 800	贷	46 800
10	13	略	还款	银行存款	46 800		平	0

7. G公司2011年10月29日发现本月25日支付海昌公司货款5 000元，其凭证及账簿记录如下：

付款记账凭证

凭证编号：银付25
2011年10月25日
贷方科目：银行存款

摘要	结账方式	票号	借方科目		金额	记账√
			总账科目	明细科目		
付海昌款	转账	略	应付账款	海昌公司	10 000	
	附单据 1张			合计	10 000	

会计主管： 记账：张强 复核： 制证：王兰

银行存款日记账

2011年		凭证号码	摘要	对方科目	借方	贷方	借或贷	余额
月	日							
			承前页				借	52 500
10	1	银付1	购买办公设备	固定资产		5 200	借	47 300
10	1	银付2	从银行提现金	库存现金		5 000	借	42 300
10	1	银收1	收上月货款	应收账款	10 000		借	52 300
10	19	银付20	从银行提现金	库存现金		5 000	借	47 300
10	25	银付25	付海昌公司款	应付账款		10 000	借	37 300

应付账款明细分类账

账户名称：应付账款—海昌公司

2011年		凭证号码	摘要	对方科目	借方	贷方	借或贷	余额
月	日							
			承前页				贷	90 000
10	3	略	还款	银行存款	70 000		贷	20 000
10	11	略	赊购甲材料	原材料等		46 800	贷	66 800
10	13	略	还款	银行存款	46 800		贷	20 000
10	25	略	还款	银行存款	10 000		贷	10 000

8. H公司2011年10月29日发现本月25日支付海昌公司货款50 000元，其凭证及账簿记录如下：

付款记账凭证

凭证编号：银付25
2011年10月25日
贷方科目：银行存款

摘要	结账方式	票号	借方科目		金额	记账√
			总账科目	明细科目		
付海昌款	转账	略	应付账款	海昌公司	5 000	
	附单据　1 张			合计	5 000	

会计主管：　　　　　记账：张强　　　　　复核：　　　　　制证：王兰

银行存款日记账

2011年		凭证号码	摘要	对方科目	借方	贷方	借或贷	余额
月	日							
			承前页				借	92 500
10	1	银付1	购买办公设备	固定资产		5 200	借	87 300
10	1	银付2	从银行提现金	库存现金		5 000	借	82 300
10	1	银收1	收上月货款	应收账款	10 000		借	92 300
10	19	银付20	从银行提现金	库存现金		5 000	借	87 300
10	25	银付25	付海昌公司款	应付账款		5 000	借	82 300

应付账款明细分类账

账户名称：应付账款—海昌公司

2011年		凭证号码	摘要	对方科目	借方	贷方	借或贷	余额
月	日							
			承前页				贷	90 000
10	3	略	还款	银行存款	70 000		贷	20 000
10	11	略	赊购甲材料	原材料等		46 800	贷	66 800
10	13	略	还款	银行存款	6 800		贷	60 000
10	25	略	还款	银行存款	5 000		贷	55 000

附：本实训所需记账凭证及账簿资料：

1.

银行存款日记账

2011年		凭证号码	摘要	对方科目	借方	贷方	借或贷	余额
月	日							
			承前页				借	52 500
10	1	银付1	购买办公设备	固定资产		5 200	借	47 300
10	1	银付2	从银行提现金	库存现金		5 000	借	42 300
10	1	银收1	收上月货款	应收账款	10 000		借	52 300

2.

银行存款日记账

2011年 月	日	凭证号码	摘要	对方科目	借方	贷方	借或贷	余额
			承前页				借	52 500
10	1	银付1	购买办公设备	固定资产		5 200	借	47 300
10	1	银付2	从银行提现金	库存现金	5 000		借	52 300
10	1	银收1	收上月货款	应收账款	10 000		借	62 300

3.

银行存款日记账

2011年 月	日	凭证号码	摘要	对方科目	借方	贷方	借或贷	余额
			承前页				借	52 500
10	1	银付1	购买办公设备	固定资产		5 200	借	47 300
10	1	银付2	从银行提现金	库存现金		5 000	借	42 300
10	1	银收1	收上月货款	其他应收款	10 000		借	52 300

4.

转账凭证

2011年10月2日　　　　　　　　　　转字　第1号

摘要	一级科目	二级或明细科目	借方金额	贷方金额	记账√
赊购材料	原材料	甲材料	25 000		
	应缴税费	应缴增值税—进项税额	4 250		
	银行存款			29 250	
附件1张		合计	¥ 28 250	¥ 28 250	

5.

转账凭证
2011 年 10 月 2 日　　　　　　　　　　　　　　　　　　　　　转字　第 1 号

摘要	一级科目	二级或明细科目	借方金额	贷方金额	记账√
赊购材料	原材料	甲材料	25 000		
	应缴税费	应缴增值税—进项税额	4 250		
	现金			29 250	
附件 1 张		合计	¥ 29 250	¥ 29 250	

会计主管：　　　　　　　记账：张强　　　　　　　复核：　　　　　　　制证：王兰

6.

转账凭证
年　月　日　　　　　　　　　　　　　　　　　　　　　转字　第　号

摘要	一级科目	二级或明细科目	借方金额	贷方金额	记账
附件 1 张		合计			

会计主管：　　　　　　　记账：　　　　　　　复核：　　　　　　　制证：

转账凭证
年　月　日　　　　　　　　　　　　　　　　　　　　　转字　第　号

摘要	一级科目	二级或明细科目	借方金额	贷方金额	记账
附件 1 张		合计			

会计主管：　　　　　　　记账：　　　　　　　复核：　　　　　　　制证：

银行存款日记账

2011 年		凭证号码	摘要	对方科目	借方	贷方	借或贷	余额
月	日							
			承前页				借	52 500
10	1	银付1	购买办公设备	固定资产		5 200	借	47 300
10	1	银付2	从银行提现金	库存现金		5 000	借	42 300
10	1	银收1	收上月货款	应收账款	10 000		借	52 300
10	18	转字1	赊购材料	原材料		29 250	借	23 050
10	19	银付5	从银行提现金	库存现金		5 000	借	18 050

应付账款明细分类账

账户名称：应付账款—海昌公司

2011年		凭证号码	摘要	对方科目	借方	贷方	借或贷	余额
月	日							
			承前页				贷	70 000
10	3	略	还款	银行存款	70 000		平	0
10	11	略	赊购甲材料	原材料等		46 800	贷	46 800
10	13	略	还款	银行存款	46 800		平	0

7.

转账凭证

年　月　日　　　　　　　　　　　　　　　　　　　　转字　第　号

摘要	一级科目	二级或明细科目	借方金额	贷方金额	记账
附件1张		合计			

会计主管：　　　　　　记账：　　　　　　复核：　　　　　　制证：

付款记账凭证

　　　　　　　　　　　　　　　　　　　　　　　　　　　凭证编号：　　银付：

年　月　日　　　　　　　　　　　　　　贷方科目：　　银行存款：

摘要	结账方式	票号	借方科目		金额	记账
			总账科目	明细科目		
		略				
附单据　张			合计			

会计主管：　　　　　　记账：　　　　　　复核：　　　　　　制证：

银行存款日记账

2011年		凭证号码	摘要	对方科目	借方	贷方	借或贷	余额
月	日							
			承前页				借	52 500
10	1	银付1	购买办公设备	固定资产		5 200	借	47 300
10	1	银付2	从银行提现金	库存现金		5 000	借	42 300
10	1	银收1	收上月货款	应收账款	10 000		借	52 300
10	19	银付20	从银行提现金	库存现金		5 000	借	47 300
10	25	银付25	付海昌公司款	应付账款		10 000	借	37 300

应付账款明细分类账

账户名称：应付账款—海昌公司

2011年		凭证号码	摘要	对方科目	借方	贷方	借或贷	余额
月	日							
			承前页				贷	90 000
10	3	略	还款	银行存款	70 000		贷	20 000
10	11	略	赊购甲材料	原材料等		46 800	贷	66 800
10	13	略	还款	银行存款	46 800		贷	20 000
10	25	略	还款	银行存款	10 000		贷	10 000

8.

付款记账凭证

凭证编号： 银付：

年 月 日

贷方科目： 银行存款：

摘要	结账方式	票号	借方科目		金额	记账
			总账科目	明细科目		
		略				
附单据　张			合计			

会计主管：　　　　　　记账：　　　　　　复核：　　　　　　制证：

银行存款日记账

2011年		凭证号码	摘要	对方科目	借方	贷方	借或贷	余额
月	日							
			承前页				借	92 500
10	1	银付1	购买办公设备	固定资产		5 200	借	87 300
10	1	银付2	从银行提现金	库存现金		5 000	借	82 300
10	1	银收1	收上月货款	应收账款	10 000		借	92 300
10	19	银付20	从银行提现金	库存现金		5 000	借	87 300
10	25	银付25	付海昌公司款	应付账款		5 000	借	82 300

应付账款明细分类账

账户名称：应付账款—海昌公司

2011年 月	日	凭证号码	摘要	对方科目	借方	贷方	借或贷	余额
			承前页				贷	90 000
10	3	略	还款	银行存款	70 000		贷	20 000
10	11	略	赊购甲材料	原材料等		46 800	贷	66 800
10	13	略	还款	银行存款	6 800		贷	60 000
10	25	略	还款	银行存款	5 000		贷	55 000

项目七 财产清查

第一部分 基础知识训练

一、单项选择题

1. 企业在遭受自然灾害后，对其受损的财产物资进行的清查，属于（   ）。
   A. 局部清查和定期清查   B. 全面清查和定期清查
   C. 局部清查和不定期清查   D. 全面清查和不定期清查
2. 一般情况下，企业单位撤销、合并或改变隶属关系时，要进行（   ）。
   A. 全面清查   B. 局部清查
   C. 实地盘点   D. 技术推算
3. 财产清查的盘亏是指（   ）。
   A. 账存数大于实存数   B. 实存数大于账存数
   C. 记账差错导致少记金额   D. 重复登记财产数
   E. 账存数小于实存数
4. 往来款项一般采用的清查方法是（   ）。
   A. 实地盘点法   B. 发函询证法
   C. 技术推算法   D. 抽查法
5. 现金的清查采用（   ）。
   A. 实地盘点法   B. 技术推算法   C. 询证法   D. 核对法
6. 银行存款的清查是将银行存款日记账与（   ）核对，以查明账实是否相符。
   A. 银行存款凭证   B. 银行存款总账
   C. 银行存款备查账   D. 银行对账单
7. 下列凭证中，不可以作为记账原始依据的是（   ）。
   A. 发货票   B. 银行存款余额调节表
   C. 收料票   D. 差旅费报销单
8. "待处理财产损溢"账户属于（   ）账户。
   A. 损益类   B. 资产类
   C. 成本类   D. 所有者权益类
9. 下列项目的清查应采用向有关单位发函询证核对账目的方法是（   ）。
   A. 原材料   B. 应收账款   C. 实收资本   D. 短期投资

10. 下列财产物资中，可以采用技术推算法进行清查的是（　　）。
　　A. 现金　　　　　　　　　　　　B. 固定资产
　　C. 煤炭等大宗物资　　　　　　　D. 应收账款
11. 下列情况中，适合采用局部清查的方法进行财产清查的是（　　）。
　　A. 年终决算时　　　　　　　　　B. 企业合并时
　　C. 进行清产核资时　　　　　　　D. 现金和银行存款的清查
12. 盘亏的存货，在减去过失人或者保险公司等赔款和残料价值之后，属于非常损失的应计入（　　）。
　　A. 管理费用　　　　　　　　　　B. 营业外支出
　　C. 销售费用　　　　　　　　　　D. 其他业务成本
13. 坏账损失是指（　　）。
　　A. 无法支付的应付款　　　　　　B. 营业外支出
　　C. 无法收回的应收款　　　　　　D. 无法收回的对外投资
14. 盘亏及损毁财产物资中属于自然灾害造成的非常损失应记入（　　）。
　　A. 其他应收款账户的借方　　　　B. 营业外支出账户的借方
　　C. 管理费用账户的借方　　　　　D. 其他应收款账户的贷方
15. 在企业进行财产清查时，发现存货盘亏，在报批前正确的账务处理方法为（　　）。
　　A. 借：库存商品
　　　　　贷：待处理财产损溢
　　B. 借：待处理财产损溢
　　　　　贷：管理费用
　　C. 借：管理费用
　　　　　贷：待处理财产损溢
　　D. 借：待处理财产损溢
　　　　　贷：库存商品

二、多项选择题
1. 财产清查前的准备工作，主要包括（　　）。
　　A. 建立清查小组　　　　　　　　B. 制订清查计划
　　C. 确定清查的范围和对象　　　　D. 校正各种度量衡器具
2. 下列项目中，属于不定期并且全面清查的是（　　）。
　　A. 单位合并、撤销以及改变隶属关系　　B. 年终结算之前
　　C. 企业股份制改制前　　　　　　D. 单位主要领导调离前
3. 造成账实不符的原因主要有（　　）。
　　A. 财产物资的自然损耗　　　　　B. 财产物资收发计量错误
　　C. 未达账项　　　　　　　　　　D. 会计账簿漏记、重记、错记
4. 财产清查的内容包括（　　）。
　　A. 货币资金　　　　　　　　　　B. 财产物资
　　C. 应收、应付款项　　　　　　　D. 对外投资

5. 在银行存款对账中，未达账项包括（   ）。
   A. 银行已收款入账企业未收款入账　　B. 企业未付款入账银行已付款入账
   C. 企业未付款入账银行也未付款入账　D. 银行已收款入账企业也收款入账
6. 材料由于意外灾害所造成的损失，按规定报经批准前应记入（   ）。
   A. 借记"待处理财产损溢"　　　　　　B. 借记"营业外支出"
   C. 贷记"待处理财产损溢"　　　　　　D. 贷记"原材料"
7. 银行存款的清查主要是核对（   ）。
   A. 银行存款日记账　　　　　　　　　B. 银行存款总分类账
   C. 银行对账单　　　　　　　　　　　D. 银行存款余额调节表
8. 不定期清查主要用于下列情况（   ）。
   A. 更换实物负责人　　　　　　　　　B. 财产物资遭受意外损失
   C. 企业发生关、停、并、转　　　　　D. 有关部门对企业经济活动进行会计检查
9. 全面清查包括的内容有（   ）。
   A. 货币资金　　　　　　　　　　　　B. 房屋、建筑物等各种固定资产
   C. 各项债权、债务　　　　　　　　　D. 各项收入、费用
10. "库存现金盘点表"上需要哪些人员签名盖章（   ）。
    A. 会计　　　B. 出纳员　　　C. 盘点人员　　　D. 清查小组组长

三、判断题
1. 一般情况下，全面清查是定期清查，局部清查是不定期清查。（   ）
2. 银行存款日记账与银行对账单余额不一致的主要原因是由于记账错误和未达账项所造成的。（   ）
3. 对于未达账项应编制银行存款余额调节表进行调节，同时将未达账项编制记账凭证登记入账。（   ）
4. 对于财产清查结果的账务处理一般分两步进行，即审批前先调整有关账面记录，审批后转入有关账户。（   ）
5. 企业在银行的实有存款应是银行对账单上列明的余额。（   ）
6. "待处理财产损溢"账户是损益类账户。（   ）
7. 财产清查就是对各种实物财产进行的清查盘点。（   ）
8. 现金和银行存款的清查均应采用实地盘点的方法进行。（   ）
9. 未达账项是指银行已经记账，而企业因未接到有关凭证而尚未记账的款项。（   ）
10. 清查盘点现金时，出纳员必须回避。（   ）
11. 对实物财产清查时，既要清查数量又要检验质量。（   ）
12. 财产清查结果的处理即指账务处理。（   ）
13. 现金清查结束后，应填写"现金盘点报告表"，并由盘点人和出纳人员签名或盖章。（   ）
14. "银行存款余额调节表"不能作为调整银行存款账面余额的原始凭证。（   ）
15. 实物财产的"盘点报告表"可以作为记账和登记账簿的原始凭证。（   ）

第二部分　业务技能训练

实训一　库存现金的清查

一、实训目的

通过实训使学生了解库存现金清查的方法，掌握现金溢缺的账务处理方法。

二、实训要求

根据实训资料编制会计分录。

三、实训资料

资料（一）：A公司在现金清查中发现现金日记账的余额为1 000元，库存现金实有数为900元，经查短缺现金属于出纳员不小心造成多付款，应由出纳员赔偿。

资料（二）：B公司在现金清查中发现现金日记账的余额为2 000元，库存现金实有数为2 500元，经查其中400元属于应付给张红的款项，其余原因不明。

资料（三）：C公司在现金清查中发现现金日记账的余额为1 500元，库存现金实有数为1 450元，短缺原因无法查明。

实训二　银行存款的清查

一、实训目的

通过实训使学生了解银行存款清查的方法，进一步明确银行存款清查后造成账实不符的原因，并掌握银行存款余额调节表的编制方法。

二、实训要求

1. 根据资料（一）编制银行存款余额调节表。
2. 根据资料（二）更正记账错误，编制更正分录，求得银行存款日记账的正确余额，并根据更正后的银行存款日记账记录和银行对账单，编制银行存款余额调节表。

三、实训资料

资料（一）：吉利公司2011年3月31日银行存款日记账余额500 000元，银行送来的对账单余额 624 600 元，经过逐笔核对，发现未达账项如下：

1. 3月30日，企业开出现金支票一张，记200元，持票人未到银行取款。
2. 3月31日，企业开出转账支票一张，记58 400元，银行尚未入账。
3. 3月31日，企业送存转账支票4 000元，银行尚未入账。
4. 3月31日，银行收到企业托收的货款66 000元，企业尚未入账。
5. 3月31日，银行代企业支付电业局电费1 000元，企业尚未入账。
6. 3月31日，银行付给企业存款利息5 000元，企业尚未入账。

资料（二）：东风公司2011年8月与其开户银行对账双方8月21日以后的资料如下（假设在25日以前双方记录均相符且正确）。

东方公司银行存款日记账的记录：

日期	摘要	金额
25日	开出转账支票#603 支付购货款	8 000元
28日	收到购货方转账支票#2403 存入银行	41 000元
29日	开出转账支票#604 支付前欠购货款	63 000元
30日	开出转账支票#604 支付运费	3 420元
30日	存入购货方转账支票#501	19 400元
31日	银行存款日记账期末余额	27 280元

银行对账单记录：

日期	摘要	金额
29日	转账支票#603	8 000元
30日	存入方转账支票#2 403	40 600元
30日	转账支票#604	63 600元
31日	代付水费	800元
31日	存款利息	620元
31日	收回托收货款	24 000元
31日	银行对账单余额	34 120元

经逐笔核对，发现有下列问题（银行对账单记录无差错）：

1. 28日存入购货方转账支票#2 403应为40 600元，企业存款日记账误记为41 000元。
2. 28日开出的#604转账支票金额应为63 600元，企业存款日记账误记为63 000元。

实训三 存货的清查

一、实训目的

通过实训使学生了解存货清查的方法，掌握存货盘盈盘亏的账务处理。

二、实训要求

根据实训资料编制会计分录。

三、实训资料

甲公司在年末存货清查中发现以下事项：
1. 发现盘盈 A 原材料 5 件，实际单位成本为 300 元。
2. 发现盘亏 B 原材料 400 千克，实际单位成本为 100 元。
3. 发现毁损 C 产成品 80 件，每件实际成本为 350 元。
4. 上述原因已查明，A 原材料是收发计量差错造成的；B 原材料短缺是自然灾害造成的，可获保险公司赔偿 17 000 元；C 产成品毁损是管理不善造成的，应由保管员赔偿，经厂长会议批准后，对上述清查结果作出处理。

实训四 固定资产的清查

一、实训目的

通过实训使学生了解固定资产清查的方法，掌握固定资产盘盈盘亏的账务处理。

二、实训要求

根据实训资料编制会计分录。

三、实训资料

甲公司在年末固定资产清查中发现以下事项：
1. 发现账外机器一台，估计重置价 20 000 元，八成新。
2. 盘亏水泵一台，原价 10 000 元，已提折旧 6 000 元。
3. 不用仓库一幢，原价 80 000 元，已提折旧 70 000 元，清查时发现已倒坍。
上述盘盈盘亏损失，经查明属实，报经领导批准处理：
1. 水泵和仓库均系因自然灾害造成的损失，作非常损失处理，仓库倒坍由保险公司赔偿 5 000 元，款项尚未收到。
2. 账外设备作为前期差错处理。

项目八　账务处理程序

第一部分　基础知识训练

一、单项选择题

1. （　　）是账务处理程序中最基本的形式。
   A. 记账凭证账务处理程序　　　　　　B. 科目汇总表账务处理程序
   C. 汇总记账凭证账务处理程序　　　　D. 多栏式日记账账务处理程序
2. 记账凭证账务处理程序的主要特点是根据（　　）登记总账。
   A. 记账凭证　　　　　　　　　　　　B. 原始凭证汇总表
   C. 汇总记账凭证　　　　　　　　　　D. 科目汇总表
3. 科目汇总表的缺点主要是不能反映（　　）。
   A. 账户借方、贷方发生额　　　　　　B. 账户借方、贷方余额
   C. 账户对应关系　　　　　　　　　　D. 各账户借方、贷方发生额合计
4. 在汇总记账凭证账务处理程序下，记账凭证一般采用（　　）。
   A. 收款凭证、付款凭证、转账凭证三种格式
   B. 通用记账凭证
   C. AB 二者皆可
   D. 以上都不对
5. 汇总收款凭证是根据现金或银行存款的收款凭证，按库存现金或银行存款科目的（　　）分别设置，并按（　　）科目加以归类汇总。
   A. 借方、贷方　　　　　　　　　　　B. 贷方、借方
   C. 借方、借方　　　　　　　　　　　D. 贷方、贷方
6. 汇总转账凭证根据转账凭证按每个科目的（　　）分别设置，并按对应的（　　）科目归类汇总。
   A. 借方、贷方　　　　　　　　　　　B. 贷方、借方
   C. 借方、借方　　　　　　　　　　　D. 贷方、贷方
7. 在汇总记账凭证账务处理程序下，记账凭证和账簿设置与记账凭证账务处理程序基本相同，但要另外设置（　　）。
   A. 原始凭证汇总表　　　　　　　　　B. 记账凭证汇总表
   C. 汇总记账凭证　　　　　　　　　　D. 日记总账

8. 科目汇总表账务处理程序适用于（　　）。
A. 业务量少的单位　　　　　　　　　B. 业务量较多的单位
C. 企业单位　　　　　　　　　　　　D. 行政单位

二、多项选择题

1. 在汇总记账凭证账务处理程序下，总分类账根据（　　）登记。
A. 记账凭证　　　　　　　　　　　　B. 记账凭证汇总表
C. 汇总收款凭证　　　　　　　　　　D. 汇总付款凭证
E. 汇总转账凭证

2. 科目汇总表应当（　　）。
A. 按每一账户借方设置　　　　　　　B. 按每一账户贷方设置
C. 按相同账户分别借方、贷方归类汇总　D. 按每一账户分别借方、贷方设置
E. 根据需要定期编制

3. 选择哪种账务处理程序，需要考虑的因素是（　　）。
A. 企业规模大小　　　　　　　　　　B. 经济业务繁简
C. 企业所有制性质　　　　　　　　　D. 节约核算费用
E. 正确、及时、完整地提供信息

4. 科目汇总表账务处理程序的优点是（　　）。
A. 能反映账户的对应关系　　　　　　B. 简化总分类账登记工作
C. 有利于会计分工　　　　　　　　　D. 科目汇总表编制方便
E. 可以进行试算平衡

5. 以记账凭证为依据，按有关账户贷方设置，按与其相对应的借方账户进行归类汇总填制的汇总凭证有（　　）。
A. 科目汇总表　　　　　　　　　　　B. 汇总收款凭证
C. 汇总转账凭证　　　　　　　　　　D. 汇总付款凭证
E. 汇总原始凭证

6. 记账凭证账务处理程序的特点是（　　）。
A. 根据记账凭证逐笔登记总分类账
B. 定期根据记账凭证编制科目汇总表，然后据以登记总分类账
C. 定期根据记账凭证编制汇总记账凭证，然后据以登记分类账
D. 根据记账凭证逐笔登记日记账
E. 根据现金、银行存款日记账登记总分类账

7. 规模大、经济业务繁杂的单位，一般采用（　　）。
A. 记账凭证账务处理程序　　　　　　B. 汇总记账凭证账务处理程序
C. 科目汇总表账务处理程序　　　　　D. 多栏式日记账账务处理程序
E. 日记总账账务处理程序

8. 汇总记账凭证账务处理程序与科目汇总表账务处理程序的主要区别是（　　）
A. 汇总凭证的格式不同　　　　　　　B. 汇总凭证的编制方法不同
C. 登记总分类账的依据不同　　　　　D. 凭证汇总和记账步骤不同

E. 日记账和明细账的登记依据不同
9. 为便于汇总记账凭证的编制，对记账凭证的要求是（　　）。
　A. 收款凭证最好为一借多贷　　　　B. 付款凭证最好为一借多贷
　C. 转账凭证最好为多借一贷　　　　D. 付款凭证最好的多借一贷
　E. 所有记账凭证最好为一借一贷
10. 多栏式日记账核算形式的优点是（　　）。
　A. 通过多栏式日记账进行试算平衡
　B. 多栏式日记账反映账户之间的对应关系
　C. 登记多栏式日记账方便
　D. 能够减少记账凭证填制的工作量
　E. 大大简化总分类账中收付款业务的登账工作

三、判断题

1. 记账凭证账务处理程序是其他各种账务处理程序的基础。（　　）
2. 各种账簿都是直接根据记账凭证进行登记的。（　　）
3. 无论何种账务处理程序，都需要日记账、明细账分别与总账定期核对。（　　）
4. 为了便于编制汇总转账凭证，在编制转账凭证时，其账户的对应关系应是一借一贷或多借一贷。（　　）
5. 采用记账凭证和核算程序，不仅可以简化登记总账的工作，而且便于检查和分析经济业务。（　　）
6. 采用科目汇总表核算程序，总账、明细账和日记账都应根据科目汇总表登记。（　　）
7. 账务处理程序不同，现金日记账、银行存款日记账登记的依据也不同。（　　）
8. 在规模较大、业务量较多的企业，适合采用记账凭证账务处理程序。因为该处理程序简单明了，易于理解和掌握。（　　）
9. 为保证总账与其所属明细账的记录相符，总账应根据其所属明细账记录转入登记。（　　）
10. 各账务处理程序之间的区别在于编制会计报表的依据和方法不同。（　　）

第二部分 业务技能训练

实训一 记账凭证账务处理程序

一、实训目的

通过实训使学生掌握记账凭证账务处理程序的核算要求和核算步骤,掌握记账凭证账务处理程序和其他账务处理程序的区别。

二、实训要求

1. 根据辽宁丰华有限公司 2011 年 12 月初资料设置总分类账和"原材料"、"库存商品"明细账。(其他明细账和日记账从略)
2. 根据辽宁丰华有限公司 2011 年 12 月分所发生的经济业务资料登记收、付、转记账凭证。
3. 根据收、付、转记账凭证逐笔登记总分类账和有关明细账。
4. 结账并编制发生额及余额试算平衡表。

三、实训资料

辽宁丰华有限责任公司 2011 年 12 月份各项资料如下:

(一)12 月初各总账账户期初余额见下表:

单位:元

账户名称	借方余额	贷方余额
库存现金	3 800	
银行存款	25 000	
应收账款	98 800	
原材料	45 000	
库存商品	40 800	
固定资产	210 000	
累计折旧		38 000
短期借款		50 000
应付账款		38 000
应付职工薪酬		800

续表

账户名称	借方余额	贷方余额
应缴税费		7 800
应付利息		800
实收资本		200 000
资本公积		30 000
盈余公积		48 000
未分配利润		10 000
合计	423 400	423 400

（二）12月初各明细账户余额如下：

1. 原材料——甲材料，期初结存300吨，单价100元，金额为30 000元；原材料——乙材料，期初结存5 000公斤，单价3元，金额为15 000元。

2. 库存商品——A产品，期初结存250件，总成本为25 000元；库存商品——B产品，期初结存100件，总成本为15 800元。

（三）2011年12月份发生下列各项经济业务：

1. 2日，收到华光工厂还来前欠货款88 000元，存入银行。

2. 2日，仓库发出甲材料10吨，其中：A产品耗用4吨，B产品耗用4吨，车间一般耗用2吨（材料按实际成本计算，以下同）。

3. 3日，仓库发出乙材料2 000公斤，全部用于A产品的生产。

4. 4日，购进甲材料20吨，价款2 000元，增值税340元，全部用银行存款支付，材料尚未入库。

5. 5日，上述材料验收入库，结转其实际采购成本。

6. 5日，开出转账支票7 800元，交纳税金。

7. 6日，开出转账支票40 000元，归还短期借款。

8. 7日，购进乙材料1 000公斤，价款3 000元，增值税510元，货款及税金以银行存款支付，材料尚未入库。

9. 8日，7日所购乙材料验收入库，结转其实际采购成本。

10. 9日，用银行存款归还前欠大明工厂货款28 000元。

11. 9日，以现金购入车间使用办公用品800元。

12. 9日，发出甲材料100吨，其中生产A产品耗用20吨，生产B产品耗用70吨，车间一般消耗10吨。

13. 9日，销售A产品150件，单价180元，计27 000元，应缴增值税4 590元，全部收到，存入银行。

14. 9日，以银行存款2 000元支付B产品发售的广告费。

15. 9日，以现金400元支付A产品的运杂费。

16. 9 日，销售 B 产品 100 件，单价 250 元，计 25 000 元，增值税 4 250 元，价税款全部收到存入银行。

17. 10 日，用银行存款购进一台不需要安装的机器，价款 20 000 元，增值税 3 400 元，当即交付使用。

18. 10 日，开出现金支票从银行提取现金 62 000 元，以备发放职工工资。

19. 10 日，以现金 60 000 元发放职工工资。

20. 11 日，销售 A 产品 50 件，单价 180 元，计 9 000 元，增值税 1 530 元，款项全部存入银行。

21. 12 日，开出转账支票 1 200 元，偿还前欠货款。

22. 12 日，购进乙材料 1 000 公斤，价款 3 000 元，应付增值税 510 元，货款及税金以银行存款支付，材料尚在运输途中。

23. 13 日，开出现金支票 300 元，提取现金。

24. 14 日，销售 A 产品 50 件，单价 180 元，计 9 000 元，增值税 1 530 元，价税款全部收到存入银行。

25. 18 日，12 日所购乙材料 1 000 公斤验收入库，结转其实际采购成本。

26. 19 日，以现金支付行政人员王平出差预借差旅费 400 元。

27. 20 日，以银行存款 3 000 元支付税收滞纳金。

28. 26 日，王平出差归来，报销差旅费 360 元，余款退回现金。

29. 31 日，结算本月份工资，其中生产 A 产品工人工资 25 000 元，生产 B 产品工人工资 25 000 元，车间管理人员工资 5 000 元，企业管理人员工资 5 000 元。

30. 31 日，预提应由本月负担的借款利息 1 500 元。

31. 31 日，按工资总额的 14% 计提职工福利费。

32. 31 日，计提本月固定资产折旧，车间固定资产应提 1 880 元，企业行政管理部门固定资产应提 1 200 元。

33. 31 日，结转本月份制造费用（按生产工人工资比例分配）。

34. 31 日，本月投入生产的 A 产品 420 件，B 产品 260 件，已全部完工入库，结转其实际成本。

35. 31 日，结转已销 A 产品 250 件的实际销售成本 25 000 元，B 产品 100 件的实际销售成本 15 800 元（按先进先出法计算）。

36. 31 日，收到某厂交来罚金 400 元，存入银行。

37. 31 日，结转有关损益类账户，计算本月实现利润总额。

38. 31 日，按 33% 税率计算本月应缴纳的所得税并结转所得税。

39. 31 日，按税后利润 10% 提取法定盈余公积金，按 5% 提取任意盈余公积金。

40. 31 日，向投资者分配利润 5 000 元，尚未支付。

41. 31 日，结转利润分配明细账。

收款记账凭证

凭证编号：　　　　出纳编号：

年　月　日　　　　借方科目：

摘要	结算方式	票号	贷方科目		金额										记账符号
			总账科目	明细科目	千	百	十	万	千	百	十	元	角	分	

会计主管人员：　　　记账：　　　稽核：　　　制单：　　　出纳：　　　交领款人：

收款记账凭证

凭证编号：　　　　出纳编号：

年　月　日　　　　借方科目：

摘要	结算方式	票号	贷方科目		金额										记账符号
			总账科目	明细科目	千	百	十	万	千	百	十	元	角	分	

会计主管人员：　　　记账：　　　稽核：　　　制单：　　　出纳：　　　交领款人：

收款记账凭证

凭证编号：　　　　出纳编号：

年　月　日　　　　借方科目：

摘要	结算方式	票号	贷方科目		金额										记账符号
			总账科目	明细科目	千	百	十	万	千	百	十	元	角	分	

会计主管人员：　　　记账：　　　稽核：　　　制单：　　　出纳：　　　交领款人：

收款记账凭证

凭证编号： 出纳编号：

年 月 日 借方科目：

摘要	结算方式	票号	贷方科目		金额										记账符号
			总账科目	明细科目	千	百	十	万	千	百	十	元	角	分	

会计主管人员： 记账： 稽核： 制单： 出纳： 交领款人：

收款记账凭证

凭证编号： 出纳编号：

年 月 日 借方科目：

摘要	结算方式	票号	贷方科目		金额										记账符号
			总账科目	明细科目	千	百	十	万	千	百	十	元	角	分	

会计主管人员： 记账： 稽核： 制单： 出纳： 交领款人：

收款记账凭证

凭证编号： 出纳编号：

年 月 日 借方科目：

摘要	结算方式	票号	贷方科目		金额										记账符号
			总账科目	明细科目	千	百	十	万	千	百	十	元	角	分	

会计主管人员： 记账： 稽核： 制单： 出纳： 交领款人：

收款记账凭证

凭证编号：　　　　出纳编号：

年　月　日　　　　　借方科目：

摘要	结算方式	票号	贷方科目		金额									记账符号
			总账科目	明细科目	千	百	十	万	千	百	十	元	角	分	

会计主管人员：　　记账：　　稽核：　　制单：　　出纳：　　交领款人：

收款记账凭证

凭证编号：　　　　出纳编号：

年　月　日　　　　　借方科目：

摘要	结算方式	票号	贷方科目		金额									记账符号
			总账科目	明细科目	千	百	十	万	千	百	十	元	角	分	

会计主管人员：　　记账：　　稽核：　　制单：　　出纳：　　交领款人：

收款记账凭证

凭证编号：　　　　出纳编号：

年　月　日　　　　　借方科目：

摘要	结算方式	票号	贷方科目		金额									记账符号
			总账科目	明细科目	千	百	十	万	千	百	十	元	角	分	

会计主管人员：　　记账：　　稽核：　　制单：　　出纳：　　交领款人：

收款记账凭证

凭证编号：　　　出纳编号：
年　月　日　　　借方科目：

摘要	结算方式	票号	贷方科目		金额										记账符号
			总账科目	明细科目	千	百	十	万	千	百	十	元	角	分	

会计主管人员：　　记账：　　稽核：　　制单：　　出纳：　　交领款人：

收款记账凭证

凭证编号：　　　出纳编号：
年　月　日　　　借方科目：

摘要	结算方式	票号	贷方科目		金额										记账符号
			总账科目	明细科目	千	百	十	万	千	百	十	元	角	分	

会计主管人员：　　记账：　　稽核：　　制单：　　出纳：　　交领款人：

收款记账凭证

凭证编号：　　　出纳编号：
年　月　日　　　借方科目：

摘要	结算方式	票号	贷方科目		金额										记账符号
			总账科目	明细科目	千	百	十	万	千	百	十	元	角	分	

会计主管人员：　　记账：　　稽核：　　制单：　　出纳：　　交领款人：

付款记账凭证

凭证编号：　　　　出纳编号：

年　月　日　　　　贷方科目：

摘要	结算方式	票号	借方科目		金额										记账符号
			总账科目	明细科目	千	百	十	万	千	百	十	元	角	分	
附单据　　张			合计												

会计主管人员：　　　记账：　　　稽核：　　　制单：　　　出纳：　　　交领款人：

付款记账凭证

凭证编号：　　　　出纳编号：

年　月　日　　　　贷方科目：

摘要	结算方式	票号	借方科目		金额										记账符号
			总账科目	明细科目	千	百	十	万	千	百	十	元	角	分	
附单据　　张			合计												

会计主管人员：　　　记账：　　　稽核：　　　制单：　　　出纳：　　　交领款人：

付款记账凭证

凭证编号：　　　　出纳编号：

年　月　日　　　　贷方科目：

摘要	结算方式	票号	借方科目		金额										记账符号
			总账科目	明细科目	千	百	十	万	千	百	十	元	角	分	
附单据　　张			合计												

会计主管人员：　　　记账：　　　稽核：　　　制单：　　　出纳：　　　交领款人：

付款记账凭证

凭证编号：　　　　出纳编号：

年　月　日　　　　贷方科目：

摘要	结算方式	票号	借方科目		金额											记账符号
			总账科目	明细科目	千	百	十	万	千	百	十	元	角	分	
附单据　张			合计												

会计主管人员：　　　记账：　　　稽核：　　　制单：　　　出纳：　　　交领款人：

付款记账凭证

凭证编号：　　　　出纳编号：

年　月　日　　　　贷方科目：

摘要	结算方式	票号	借方科目		金额											记账符号
			总账科目	明细科目	千	百	十	万	千	百	十	元	角	分	
附单据　张			合计												

会计主管人员：　　　记账：　　　稽核：　　　制单：　　　出纳：　　　交领款人：

付款记账凭证

凭证编号：　　　　出纳编号：

年　月　日　　　　贷方科目：

摘要	结算方式	票号	借方科目		金额											记账符号
			总账科目	明细科目	千	百	十	万	千	百	十	元	角	分	
附单据　张			合计												

会计主管人员：　　　记账：　　　稽核：　　　制单：　　　出纳：　　　交领款人：

付款记账凭证

凭证编号： 出纳编号：
年 月 日 贷方科目：

摘要	结算方式	票号	借方科目		金额									记账符号
			总账科目	明细科目	千	百	十	万	千	百	十	元	角	分	
附单据 张			合计												

会计主管人员： 记账： 稽核： 制单： 出纳： 交领款人：

付款记账凭证

凭证编号： 出纳编号：
年 月 日 贷方科目：

摘要	结算方式	票号	借方科目		金额									记账符号
			总账科目	明细科目	千	百	十	万	千	百	十	元	角	分	
附单据 张			合计												

会计主管人员： 记账： 稽核： 制单： 出纳： 交领款人：

付款记账凭证

凭证编号： 出纳编号：
年 月 日 贷方科目：

摘要	结算方式	票号	借方科目		金额									记账符号
			总账科目	明细科目	千	百	十	万	千	百	十	元	角	分	
附单据 张			合计												

会计主管人员： 记账： 稽核： 制单： 出纳： 交领款人：

付款记账凭证

凭证编号：　　　出纳编号：
年　月　日　　　　　　　　　　贷方科目：

摘要	结算方式	票号	借方科目		金额										记账符号
			总账科目	明细科目	千	百	十	万	千	百	十	元	角	分	
附单据　　张			合计													

会计主管人员：　　　记账：　　　稽核：　　　制单：　　　出纳：　　　交领款人：

付款记账凭证

凭证编号：　　　出纳编号：
年　月　日　　　　　　　　　　贷方科目：

摘要	结算方式	票号	借方科目		金额										记账符号
			总账科目	明细科目	千	百	十	万	千	百	十	元	角	分	
附单据　　张			合计													

会计主管人员：　　　记账：　　　稽核：　　　制单：　　　出纳：　　　交领款人：

付款记账凭证

凭证编号：　　　出纳编号：
年　月　日　　　　　　　　　　贷方科目：

摘要	结算方式	票号	借方科目		金额										记账符号
			总账科目	明细科目	千	百	十	万	千	百	十	元	角	分	
附单据　　张			合计													

会计主管人员：　　　记账：　　　稽核：　　　制单：　　　出纳：　　　交领款人：

付款记账凭证

凭证编号：　　　　出纳编号：

年　月　日　　　　贷方科目：

摘要	结算方式	票号	借方科目		金额									记账符号
			总账科目	明细科目	千	百	十	万	千	百	十	元	角	分	
附单据　　张			合计												

会计主管人员：　　　记账：　　　稽核：　　　制单：　　　出纳：　　　交领款人：

付款记账凭证

凭证编号：　　　　出纳编号：

年　月　日　　　　贷方科目：

摘要	结算方式	票号	借方科目		金额									记账符号
			总账科目	明细科目	千	百	十	万	千	百	十	元	角	分	
附单据　　张			合计												

会计主管人员：　　　记账：　　　稽核：　　　制单：　　　出纳：　　　交领款人：

付款记账凭证

凭证编号：　　　　出纳编号：

年　月　日　　　　贷方科目：

摘要	结算方式	票号	借方科目		金额									记账符号
			总账科目	明细科目	千	百	十	万	千	百	十	元	角	分	
附单据　　张			合计												

会计主管人员：　　　记账：　　　稽核：　　　制单：　　　出纳：　　　交领款人：

付款记账凭证

凭证编号：　　出纳编号：

年　月　日　　　　　　　　　　　　　　　贷方科目：

摘要	结算方式	票号	借方科目		金额										记账符号
			总账科目	明细科目	千	百	十	万	千	百	十	元	角	分	
附单据　　张			合计												

会计主管人员：　　记账：　　稽核：　　制单：　　出纳：　　交领款人：

付款记账凭证

凭证编号：　　出纳编号：

年　月　日　　　　　　　　　　　　　　　贷方科目：

摘要	结算方式	票号	借方科目		金额										记账符号
			总账科目	明细科目	千	百	十	万	千	百	十	元	角	分	
附单据　　张			合计												

会计主管人员：　　记账：　　稽核：　　制单：　　出纳：　　交领款人：

付款记账凭证

凭证编号：　　出纳编号：

年　月　日　　　　　　　　　　　　　　　贷方科目：

摘要	结算方式	票号	借方科目		金额										记账符号
			总账科目	明细科目	千	百	十	万	千	百	十	元	角	分	
附单据　　张			合计												

会计主管人员：　　记账：　　稽核：　　制单：　　出纳：　　交领款人：

付款记账凭证

凭证编号：　　　　　出纳编号：

年　月　日　　　　　　　　贷方科目：

摘要	结算方式	票号	借方科目		金额										记账符号
			总账科目	明细科目	千	百	十	万	千	百	十	元	角	分	
附单据　　张			合计												

会计主管人员：　　　记账：　　　稽核：　　　制单：　　　出纳：　　　交领款人：

付款记账凭证

凭证编号：　　　　　出纳编号：

年　月　日　　　　　　　　贷方科目：

摘要	结算方式	票号	借方科目		金额										记账符号
			总账科目	明细科目	千	百	十	万	千	百	十	元	角	分	
附单据　　张			合计												

会计主管人员：　　　记账：　　　稽核：　　　制单：　　　出纳：　　　交领款人：

转账记账凭证

年　月　日　　　　　　　　凭证编号：

摘要	借方科目		贷方科目		金额										记账符号
	总账科目	明细科目	总账科目	明细科目	千	百	十	万	千	百	十	元	角	分	
附单据　张			合计												

会计主管：　　　记账：　　　审核：　　　制单：

转账记账凭证

年　月　日　　　　　　　　　　　　凭证编号：

摘要	借方科目		贷方科目		金额										记账符号
	总账科目	明细科目	总账科目	明细科目	千	百	十	万	千	百	十	元	角	分	
附单据　张	合计														

会计主管：　　　　　　记账：　　　　　　审核：　　　　　　制单：

转账记账凭证

年　月　日　　　　　　　　　　　　凭证编号：

摘要	借方科目		贷方科目		金额										记账符号
	总账科目	明细科目	总账科目	明细科目	千	百	十	万	千	百	十	元	角	分	
附单据　张	合计														

会计主管：　　　　　　记账：　　　　　　审核：　　　　　　制单：

转账记账凭证

年　月　日　　　　　　　　　　　　凭证编号：

摘要	借方科目		贷方科目		金额										记账符号
	总账科目	明细科目	总账科目	明细科目	千	百	十	万	千	百	十	元	角	分	
附单据　张	合计														

会计主管：　　　　　　记账：　　　　　　审核：　　　　　　制单：

转账记账凭证

年　月　日　　　　　　　　　　　　凭证编号：

摘要	借方科目		贷方科目		金额										记账符号
	总账科目	明细科目	总账科目	明细科目	千	百	十	万	千	百	十	元	角	分	
附单据　张	合计														

会计主管：　　　　　　记账：　　　　　　审核：　　　　　　制单：

转账记账凭证

年　月　日　　　　　　　　　凭证编号：

摘要	借方科目		贷方科目		金额										记账符号
	总账科目	明细科目	总账科目	明细科目	千	百	十	万	千	百	十	元	角	分	
附单据　张	合计														

会计主管：　　　　　记账：　　　　　审核：　　　　　制单：

转账记账凭证

年　月　日　　　　　　　　　凭证编号：

摘要	借方科目		贷方科目		金额										记账符号
	总账科目	明细科目	总账科目	明细科目	千	百	十	万	千	百	十	元	角	分	
附单据　张	合计														

会计主管：　　　　　记账：　　　　　审核：　　　　　制单：

转账记账凭证

年　月　日　　　　　　　　　凭证编号：

摘要	借方科目		贷方科目		金额										记账符号
	总账科目	明细科目	总账科目	明细科目	千	百	十	万	千	百	十	元	角	分	
附单据　张	合计														

会计主管：　　　　　记账：　　　　　审核：　　　　　制单：

转账记账凭证

年　月　日　　　　　　　　　凭证编号：

摘要	借方科目		贷方科目		金额										记账符号
	总账科目	明细科目	总账科目	明细科目	千	百	十	万	千	百	十	元	角	分	
附单据　张	合计														

会计主管：　　　　　记账：　　　　　审核：　　　　　制单：

转账记账凭证

年 月 日　　　　　　　　　凭证编号：

摘要	借方科目		贷方科目		金额										记账符号
	总账科目	明细科目	总账科目	明细科目	千	百	十	万	千	百	十	元	角	分	
附单据　张	合计														

会计主管：　　　　　　记账：　　　　　　审核：　　　　　　制单：

转账记账凭证

年 月 日　　　　　　　　　凭证编号：

摘要	借方科目		贷方科目		金额										记账符号
	总账科目	明细科目	总账科目	明细科目	千	百	十	万	千	百	十	元	角	分	
附单据　张	合计														

会计主管：　　　　　　记账：　　　　　　审核：　　　　　　制单：

转账记账凭证

年 月 日　　　　　　　　　凭证编号：

摘要	借方科目		贷方科目		金额										记账符号
	总账科目	明细科目	总账科目	明细科目	千	百	十	万	千	百	十	元	角	分	
附单据　张	合计														

会计主管：　　　　　　记账：　　　　　　审核：　　　　　　制单：

转账记账凭证

年　月　日　　　　　　　　　　　凭证编号：

摘要	借方科目		贷方科目		金额										记账符号
	总账科目	明细科目	总账科目	明细科目	千	百	十	万	千	百	十	元	角	分	
附单据　张	合计														

会计主管：　　　　　　　记账：　　　　　　　审核：　　　　　　　制单：

转账记账凭证

年　月　日　　　　　　　　　　　凭证编号：

摘要	借方科目		贷方科目		金额										记账符号
	总账科目	明细科目	总账科目	明细科目	千	百	十	万	千	百	十	元	角	分	
附单据　张	合计														

会计主管：　　　　　　　记账：　　　　　　　审核：　　　　　　　制单：

转账记账凭证

年　月　日　　　　　　　　　　　凭证编号：

摘要	借方科目		贷方科目		金额										记账符号
	总账科目	明细科目	总账科目	明细科目	千	百	十	万	千	百	十	元	角	分	
附单据　张	合计														

会计主管：　　　　　　　记账：　　　　　　　审核：　　　　　　　制单：

转账记账凭证

年　月　日　　　　　　　　　　　凭证编号：

摘要	借方科目		贷方科目		金额										记账符号
	总账科目	明细科目	总账科目	明细科目	千	百	十	万	千	百	十	元	角	分	
附单据　张	合计														

会计主管：　　　　　　　记账：　　　　　　　审核：　　　　　　　制单：

转账记账凭证

年　月　日　　　　　　　　　　凭证编号：

摘要	借方科目		贷方科目		金额										记账符号
	总账科目	明细科目	总账科目	明细科目	千	百	十	万	千	百	十	元	角	分	
附单据　张	合计															

会计主管：　　　　　　记账：　　　　　　审核：　　　　　　制单：

转账记账凭证

年　月　日　　　　　　　　　　凭证编号：

摘要	借方科目		贷方科目		金额										记账符号
	总账科目	明细科目	总账科目	明细科目	千	百	十	万	千	百	十	元	角	分	
附单据　张	合计															

会计主管：　　　　　　记账：　　　　　　审核：　　　　　　制单：

转账记账凭证

年　月　日　　　　　　　　　　凭证编号：

摘要	借方科目		贷方科目		金额										记账符号
	总账科目	明细科目	总账科目	明细科目	千	百	十	万	千	百	十	元	角	分	
附单据　张	合计															

会计主管：　　　　　　记账：　　　　　　审核：　　　　　　制单：

转账记账凭证

年　月　日　　　　　　　　　　凭证编号：

摘要	借方科目		贷方科目		金额										记账符号
	总账科目	明细科目	总账科目	明细科目	千	百	十	万	千	百	十	元	角	分	
附单据　张	合计															

会计主管：　　　　　　记账：　　　　　　审核：　　　　　　制单：

转账记账凭证

年　月　日　　　　　　　　　　　　凭证编号：

摘要	借方科目		贷方科目		金额										记账符号
	总账科目	明细科目	总账科目	明细科目	千	百	十	万	千	百	十	元	角	分	
附单据　张	合计														

会计主管：　　　　　记账：　　　　　审核：　　　　　制单：

转账记账凭证

年　月　日　　　　　　　　　　　　凭证编号：

摘要	借方科目		贷方科目		金额										记账符号
	总账科目	明细科目	总账科目	明细科目	千	百	十	万	千	百	十	元	角	分	
附单据　张	合计														

会计主管：　　　　　记账：　　　　　审核：　　　　　制单：

转账记账凭证

年　月　日　　　　　　　　　　　　凭证编号：

摘要	借方科目		贷方科目		金额										记账符号
	总账科目	明细科目	总账科目	明细科目	千	百	十	万	千	百	十	元	角	分	
附单据　张	合计														

会计主管：　　　　　记账：　　　　　审核：　　　　　制单：

转账记账凭证

年　月　日　　　　　　　　　　　　凭证编号：

摘要	借方科目		贷方科目		金额										记账符号
	总账科目	明细科目	总账科目	明细科目	千	百	十	万	千	百	十	元	角	分	
附单据　张	合计														

会计主管：　　　　　记账：　　　　　审核：　　　　　制单：

总　　账

会计科目：银行存款

年		凭证号	摘要	借方											贷方											借或贷	余额										
月	日			亿	千	百	十	万	千	百	十	元	角	分	亿	千	百	十	万	千	百	十	元	角	分		亿	千	百	十	万	千	百	十	元	角	分

总　账

会计科目：库存现金

年 月 日	凭证号	摘要	借方 亿千百十万千百十元角分	贷方 亿千百十万千百十元角分	借或贷	余额 亿千百十万千百十元角分

总　账

会计科目：应收账款

年 月 日	凭证号	摘要	借方 亿千百十万千百十元角分	贷方 亿千百十万千百十元角分	借或贷	余额 亿千百十万千百十元角分

总　账

会计科目：其他应收款

年 月 日	凭证号	摘要	借方 亿千百十万千百十元角分	贷方 亿千百十万千百十元角分	借或贷	余额 亿千百十万千百十元角分

总 账

会计科目：材料采购

年		凭证号	摘要	借方										贷方										借或贷	余额									
月	日			亿	千	百	十	万	千	百	十	元	角	分	亿	千	百	十	万	千	百	十	元	角	分		亿	千	百	十	万	千	百	十	元	角	分

总 账

会计科目：原材料

年		凭证号	摘要	借方										贷方										借或贷	余额									
月	日			亿	千	百	十	万	千	百	十	元	角	分	亿	千	百	十	万	千	百	十	元	角	分		亿	千	百	十	万	千	百	十	元	角	分

总 账

会计科目：库存商品

年		凭证号	摘要	借方										贷方										借或贷	余额									
月	日			亿	千	百	十	万	千	百	十	元	角	分	亿	千	百	十	万	千	百	十	元	角	分		亿	千	百	十	万	千	百	十	元	角	分

总　账

会计科目：制造费用

年 月 日	凭证号	摘要	借方 亿千百十万千百十元角分	贷方 亿千百十万千百十元角分	借或贷	余额 亿千百十万千百十元角分

总　账

会计科目：生产成本

年 月 日	凭证号	摘要	借方 亿千百十万千百十元角分	贷方 亿千百十万千百十元角分	借或贷	余额 亿千百十万千百十元角分

总　账

会计科目：固定资产

年 月 日	凭证号	摘要	借方 亿千百十万千百十元角分	贷方 亿千百十万千百十元角分	借或贷	余额 亿千百十万千百十元角分

总　账

会计科目：累计折旧

年 月 日	凭证号	摘要	借方 亿千百十万千百十元角分	贷方 亿千百十万千百十元角分	借或贷	余额 亿千百十万千百十元角分

总　账

会计科目：短期借款

年 月 日	凭证号	摘要	借方 亿千百十万千百十元角分	贷方 亿千百十万千百十元角分	借或贷	余额 亿千百十万千百十元角分

总　账

会计科目：应付账款

年		凭证号	摘要	借方 亿千百十万千百十元角分	贷方 亿千百十万千百十元角分	借或贷	余额 亿千百十万千百十元角分
月	日						

总　账

会计科目：应付职工薪酬

年		凭证号	摘要	借方 亿千百十万千百十元角分	贷方 亿千百十万千百十元角分	借或贷	余额 亿千百十万千百十元角分
月	日						

总　账

会计科目：应付股利

年		凭证号	摘要	借方 亿千百十万千百十元角分	贷方 亿千百十万千百十元角分	借或贷	余额 亿千百十万千百十元角分
月	日						

总 账

会计科目：应缴税费

年		凭证号	摘要	借方 亿 千 百 十 万 千 百 十 元 角 分	贷方 亿 千 百 十 万 千 百 十 元 角 分	借或贷	余额 亿 千 百 十 万 千 百 十 元 角 分
月	日						

总 账

会计科目：其他应付款

年		凭证号	摘要	借方 亿 千 百 十 万 千 百 十 元 角 分	贷方 亿 千 百 十 万 千 百 十 元 角 分	借或贷	余额 亿 千 百 十 万 千 百 十 元 角 分
月	日						

总 账

会计科目：实收资本

年		凭证号	摘要	借方 亿 千 百 十 万 千 百 十 元 角 分	贷方 亿 千 百 十 万 千 百 十 元 角 分	借或贷	余额 亿 千 百 十 万 千 百 十 元 角 分
月	日						

总　账

会计科目：资本公积

年		凭证号	摘要	借方 亿千百十万千百十元角分	贷方 亿千百十万千百十元角分	借或贷	余额 亿千百十万千百十元角分
月	日						

总　账

会计科目：盈余公积

年		凭证号	摘要	借方 亿千百十万千百十元角分	贷方 亿千百十万千百十元角分	借或贷	余额 亿千百十万千百十元角分
月	日						

总　账

会计科目：本年利润

年		凭证号	摘要	借方 亿千百十万千百十元角分	贷方 亿千百十万千百十元角分	借或贷	余额 亿千百十万千百十元角分
月	日						

总　账

会计科目：利润分配

年		凭证号	摘要	借方										贷方										借或贷	余额									
月	日			亿	千	百	十	万	千	百	十	元	角	分	亿	千	百	十	万	千	百	十	元	角	分		亿	千	百	十	万	千	百	十	元	角	分

总　账

会计科目：主营业务收入

年		凭证号	摘要	借方										贷方										借或贷	余额									
月	日			亿	千	百	十	万	千	百	十	元	角	分	亿	千	百	十	万	千	百	十	元	角	分		亿	千	百	十	万	千	百	十	元	角	分

总　账

会计科目：主营业务成本

年		凭证号	摘要	借方										贷方										借或贷	余额									
月	日			亿	千	百	十	万	千	百	十	元	角	分	亿	千	百	十	万	千	百	十	元	角	分		亿	千	百	十	万	千	百	十	元	角	分

总 账

会计科目：管理费用

年		凭证号	摘要	借方 亿 千 百 十 万 千 百 十 元 角 分	贷方 亿 千 百 十 万 千 百 十 元 角 分	借或贷	余额 亿 千 百 十 万 千 百 十 元 角 分
月	日						

总 账

会计科目：账务费用

年		凭证号	摘要	借方 亿 千 百 十 万 千 百 十 元 角 分	贷方 亿 千 百 十 万 千 百 十 元 角 分	借或贷	余额 亿 千 百 十 万 千 百 十 元 角 分
月	日						

总 账

会计科目：销售费用

年		凭证号	摘要	借方 亿 千 百 十 万 千 百 十 元 角 分	贷方 亿 千 百 十 万 千 百 十 元 角 分	借或贷	余额 亿 千 百 十 万 千 百 十 元 角 分
月	日						

总　账

会计科目：营业外收入

年 月 日	凭证号	摘要	借方 亿千百十万千百十元角分	贷方 亿千百十万千百十元角分	借或贷	余额 亿千百十万千百十元角分

总　账

会计科目：营业外支出

年 月 日	凭证号	摘要	借方 亿千百十万千百十元角分	贷方 亿千百十万千百十元角分	借或贷	余额 亿千百十万千百十元角分

总　账

会计科目：所得税费用

年 月 日	凭证号	摘要	借方 亿千百十万千百十元角分	贷方 亿千百十万千百十元角分	借或贷	余额 亿千百十万千百十元角分

总　账

会计科目：

年 月 日	凭证号	摘要	借方 亿千百十万千百十元角分	贷方 亿千百十万千百十元角分	借或贷	余额 亿千百十万千百十元角分

总　账

会计科目：

年 月 日	凭证号	摘要	借方 亿千百十万千百十元角分	贷方 亿千百十万千百十元角分	借或贷	余额 亿千百十万千百十元角分

总　账

会计科目：

年 月 日	凭证号	摘要	借方 亿千百十万千百十元角分	贷方 亿千百十万千百十元角分	借或贷	余额 亿千百十万千百十元角分

原材料明细账

材料名称：　　　　　　　　　　　　　　　　　　　　　　　　　　　　　　　　　　　计量单位：

年		凭证号数	摘要	收入			发出			结存		
月	日			数量	单价	金额	数量	单价	金额	数量	单价	金额

原材料明细账

材料名称：　　　　　　　　　　　　　　　　　　　　　　　　　　　　　　　　　　　计量单位：

年		凭证号数	摘要	收入			发出			结存		
月	日			数量	单价	金额	数量	单价	金额	数量	单价	金额

生产成本明细分类账

产品名称：

年		凭证号数	摘要	借方					贷方	余额
月	日			直接材料	直接工人	制造费用		合计		

生产成本明细分类账

产品名称：

年		凭证号数	摘要	借方					贷方	余额
月	日			直接材料	直接人工	制造费用		合计		

库存商品明细账

产品名称：　　　计量单位：

年		凭证	摘要	收入			发出			结存		
月	日			数量	单价	金额	数量	单价	金额	数量	单价	金额

库存商品明细账

产品名称：　　　计量单位：

年		凭证	摘要	收入			发出			结存		
月	日			数量	单价	金额	数量	单价	金额	数量	单价	金额

发生额及余额试算平衡表

年　月

会计科目	期初余额		本期发生额		期末余额	
	借方	贷方	借方	贷方	借方	贷方

实训二 汇总记账凭证账务处理程序

一、实训目的

通过实训使学生掌握汇总记账凭证账务处理程序的核算要求和核算步骤，掌握汇总记账凭证账务处理程序和其他账务处理程序的区别。

二、实训要求

1. 根据实训一所填收、付、转专用记账凭证按旬汇总一次，填制汇总收款凭证、汇总付款凭证和汇总转账凭证。
2. 根据汇总记账凭证登记"库存现金"、"银行存款"、"原材料"、"库存商品"总账并结账（其他总账、日记账、明细账从略）。

三、实训资料

见实训一辽宁丰华有限公司 2011 年 12 月份资料。

汇总收款凭证

借方科目：库存现金　　　　　　　　　　　　年　月　日　　　　　　　　　　　　汇收第　号

贷方科目	金额				总账页数	
	1～10日	11～20日	21～31日	合计	借方	贷方

汇总收款凭证

借方科目：银行存款　　　　　　　　　　　　年　月　日　　　　　　　　　　　　汇收第　号

贷方科目	金额				总账页数	
	1～10日	11～20日	21～31日	合计	借方	贷方

汇总付款凭证

贷方科目：库存现金　　　　　　　　　　　年　月　日　　　　　　　　　　　汇付第　号

借方科目	金额				总账页数	
	1～10日	11～20日	21～31日	合计	借方	贷方

汇总付款凭证

贷方科目：银行存款　　　　　　　　　　　年　月　日　　　　　　　　　　　汇付第　号

借方科目	金额				总账页数	
	1～10日	11～20日	21～31日	合计	借方	贷方

汇总转账凭证

贷方科目：材料采购　　　　　　　　　　　年　月　日　　　　　　　　　　　汇转第　号

借方科目	金额				总账页数	
	1～10日	11～20日	21～31日	合计	借方	贷方

汇总转账凭证

贷方科目：原材料　　　　　　　　　　　年　月　日　　　　　　　　　　汇转第　号

借方科目	金额			总账页数	
	1～10日	11～20日	21～31日	合计	借方	贷方

汇总转账凭证

贷方科目：应付职工薪酬　　　　　　　　年　月　日　　　　　　　　　　汇转第　号

借方科目	金额			总账页数	
	1～10日	11～20日	21～31日	合计	借方	贷方

汇总转账凭证

贷方科目：其他应收款　　　　　　　　　年　月　日　　　　　　　　　　汇转第　号

借方科目	金额			总账页数	
	1～10日	11～20日	21～31日	合计	借方	贷方

汇总转账凭证

贷方科目：制造费用　　　　　　　　　　年　月　日　　　　　　　　　　汇转第　号

借方科目	金额			总账页数	
	1～10日	11～20日	21～31日	合计	借方	贷方

汇总转账凭证

贷方科目：库存商品　　　　　　　　　　　年　月　日　　　　　　　　　　汇转第　号

借方科目	金额				总账页数	
	1～10日	11～20日	21～31日	合计	借方	贷方

汇总转账凭证

贷方科目：生产成本　　　　　　　　　　　年　月　日　　　　　　　　　　汇转第　号

借方科目	金额				总账页数	
	1～10日	11～20日	21～31日	合计	借方	贷方

总分类账

会计科目：库存现金

年		凭证号数	摘要	对方科目	借方	贷方	借或贷	余额
月	日							

总分类账

会计科目：银行存款

年		凭证号数	摘要	对方科目	借方	贷方	借或贷	余额
月	日							

总分类账

会计科目：原材料

年		凭证号数	摘要	对方科目	借方	贷方	借或贷	余额
月	日							

总分类账

会计科目：库存商品

年 月 日	凭证号数	摘要	对方科目	借方	贷方	借或贷	余额

实训三　科目汇总表账务处理程序

一、实训目的

通过实训使学生掌握科目汇总表账务处理程序的核算要求和核算步骤，掌握科目汇总表账务处理程序和其他账务处理程序的区别。

二、实训要求

1. 根据实训一所编制的记账凭证分别对上旬、中旬和下旬各编制科目汇总表一张。
2. 根据科目汇总表登记"库存现金"、"银行存款"、"原材料"、"库存商品"总账并结账。（其他总账、日记账、明细账从略）

三、实训资料

见实训一辽宁丰华有限公司 2011 年 12 月份资料。

科目汇总表（二）

2011年12月1日至10日

字第 号

借方											会计科目	贷方									
亿	千	百	十	万	千	百	十	元	角	分		亿	千	百	十	万	千	百	十	元	角	分

科目汇总表

2011年12月11日至20日

字第　号

借方											会计科目	贷方									
亿	千	百	十	万	千	百	十	元	角	分		亿	千	百	十	万	千	百	十	元	角	分

科目汇总表

2011 年 12 月 21 日至 30 日 　　　　　　　　　　　字第　号

借方 亿 千 百 十 万 千 百 十 元 角 分	会计科目	贷方 亿 千 百 十 万 千 百 十 元 角 分

总 账

会计科目：库存现金

年		凭证号	摘要	借方 亿千百十万千百十元角分	贷方 亿千百十万千百十元角分	借或贷	余额 亿千百十万千百十元角分
月	日						

总 账

会计科目：银行存款

年		凭证号	摘要	借方 亿千百十万千百十元角分	贷方 亿千百十万千百十元角分	借或贷	余额 亿千百十万千百十元角分
月	日						

总 账

会计科目：原材料

年		凭证号	摘要	借方 亿千百十万千百十元角分	贷方 亿千百十万千百十元角分	借或贷	余额 亿千百十万千百十元角分
月	日						

总 账

会计科目：库存商品

年		凭证号	摘要	借方 亿千百十万千百十元角分	贷方 亿千百十万千百十元角分	借或贷	余额 亿千百十万千百十元角分
月	日						

项目九 财务会计报告——会计报表的编制

第一部分 基础知识训练

一、单项选择题

1. （　　）是指企业对外提供的反映企业某一特定日期财务状况和某一会计期间经营成果、现金流量情况的书面文件。
   A. 资产负债表　　　　　　　　　　B. 利润表
   C. 会计报表附注　　　　　　　　　D. 财务会计报告

2. 下列各项不属于会计报表的是（　　）。
   A. 现金流量表　　　　　　　　　　B. 利润表
   C. 资产负债表　　　　　　　　　　D. 产品收购汇总表

3. 反映企业一定时期经营成果的会计报表是（　　）。
   A. 资产负债表　　　　　　　　　　B. 现金流量表
   C. 利润表　　　　　　　　　　　　D. 利润分配表

4. 下列会计报表中，反映企业在某一特定日期财务状况的是（　　）。
   A. 现金流量表　　　　　　　　　　B. 利润表
   C. 资产负债表　　　　　　　　　　D. 利润分配表

5. 资产负债表是反映企业（　　）财务状况的会计报表。
   A. 某一特定日期　　　　　　　　　B. 一定时期内
   C. 某一年份内　　　　　　　　　　D. 某一月份内

6. 根据我国统一会计制度的规定，企业资产负债表的格式是（　　）。
   A. 报告式　　　　　　　　　　　　B. 账户式
   C. 多步式　　　　　　　　　　　　D. 单步式

7. 资产负债表中资产的排列顺序是（　　）。
   A. 资产的收益性　　　　　　　　　B. 资产的重要性
   C. 资产的流动性　　　　　　　　　D. 资产的时间性

8. 下列会计报表中，属于静态报表的是（　　）。
   A. 利润表　　　　　　　　　　　　B. 利润分配表
   C. 现金流量表　　　　　　　　　　D. 资产负债表

9. 下列各项属于资产负债表项目的是（　　）。

A. 短期借款 B. 其他业务收入
C. 主营业务收入 D. 管理费用

10. 资产负债表是反映企业某一特定日期财务状况的会计主报表。它是根据（　　）这一会计等式编制而成的。

A. 资产 = 负债 + 所有者权益 B. 收入 − 费用 = 利润
C. 收入 + 费用 = 利润 D. 资产 = 负债 − 所有者权益

11. 某企业期末"库存现金"总账的余额为 5 000 元，"银行存款"总账的余额为 430 000 元，"其他货币资金"总账的余额为 45 000 元，则资产负债表的"货币资金"项目应填列（　　）元。

A. 435 000 B. 450 000 C. 430 000 D. 480 000

12. 下列会计科目，在编制资产负债表时不应列入"存货"项目的有（　　）。

A. 自制半成品 B. 生产成本 C. 库存商品 D. 工程物资

13. 企业月末"固定资产"账面余额为 1 000 000 元，"累计折旧"账面余额为 300 000 元，则资产负债表中"固定资产"项目的期末数为（　　）元。

A. 1 000 000 B. 700 000 C. 1 300 000 D. 650 000

14. 某企业期末"工程物资"科目的余额为 100 万元，"发出商品"科目的余额为 80 万元，"原材料"科目的余额为 100 万元，"材料成本差异"科目的贷方余额为 10 万元，生产成本科目的余额为 50 万元，库存商品科目的余额为 150 万元。假定不考虑其他因素，该企业资产负债表中"存货"项目的金额为（　　）万元。

A. 370 B. 380 C. 470 D. 480

15. 某企业 2007 年 12 月 31 日无形资产账户余额为 600 万元，累计摊销账户余额为 200 万元，无形资产资产减值准备账户余额为 100 万元。该企业 2007 年 12 月 31 日资产负债表中无形资产项目的金额为（　　）万元。

A. 600 B. 400 C. 300 D. 500

16. 以下项目中，属于资产负债表中流动负债项目的是（　　）。

A. 长期借款 B. 长期应付款
C. 应付利息 D. 应付债券

17. 资产负债表中，"应收账款"项目应根据（　　）填列。

A. "应收账款"总分类账户的期末余额
B. "应收账款"总分类账户所属各明细分类账户期末借方余额合计
C. "应收账款"总分类账户所属各明细分类账户期末贷方余额合计数
D. "应收账款"期末借方余额 − "坏账准备"贷方余额后和"预收账款"总分类账户所属各明细分类账户期末借方余额合计数

18. "应收账款"科目所属明细科目如有贷方余额，应在资产负债表（　　）科目中反映。

A. 预付账款 B. 预收账款 C. 应收账款 D. 应付账款

19. 资产负债表中的"应付账款"项目，应（　　）。

A. 直接根据"应付账款"科目的期末贷方余额填列
B. 根据"应付账款"科目的期末贷方余额和"应收账款"科目的期末借方余额计算填列

C. 根据"应付账款"科目的期末贷方余额和"应收账款"科目的期末贷方余额计算填列

D. 根据"应付账款"科目和"预付账款"科目所属相关明细科目的期末贷方余额计算填列

20. 某企业"应收账款"明细账借方余额之和为 300 000 元，贷方余额之和为 73 000 元，坏账准备贷方余额为 10 000 元，则资产负债表的"应收账款"项目应填列（　　）元。

　　A. 307 000　　　　　　B. 300 000　　　　　　C. 290 000　　　　　　D. 280 680

21. 某企业"应付账款"明细账期末余额情况如下：X 企业贷方余额为 200 000 元，Y 企业借方余额为 180 000 元，Z 企业贷方余额为 300 000 元。假如该企业"预付账款"明细账均为借方余额，则根据以上数据计算的反映在资产负债表上应付账款项目的数额为（　　）元。

　　A. 680 000　　　　　　B. 320 000　　　　　　C. 500 000　　　　　　D. 80 000

22. 资产负债表的下列项目中，需要根据几个总账账户的期末余额进行汇总填列的是（　　）。

　　A. 应付职工薪酬　　　B. 短期借款　　　　　C. 货币资金　　　　　D. 累计折旧

23. 资产负债表中所有者权益部分是按照（　　）顺序排列的。

　　A. 实收资本、盈余公积、资本公积、未分配利润

　　B. 资本公积、实收资本、盈余公积、未分配利润

　　C. 资本公积、实收资本、未分配利润、盈余公积

　　D. 实收资本、资本公积、盈余公积、未分配利润

24. 资产负债表中的"未分配利润"项目，应根据（　　）填列。

　　A. "利润分配"科目余额

　　B. "本年利润"科目余额

　　C. "本年利润"和"利润分配"科目的余额

　　D. "盈余公积"科目余额

25. 编制会计报表时，以"收入－费用＝利润"这一会计等式作为编制依据的会计报表是（　　）。

　　A. 利润表　　　　　　　　　　　　　　B. 利润分配表

　　C. 资产负债表　　　　　　　　　　　　D. 现金流量表

26. 我国企业的利润表采用（　　）。

　　A. 多步式　　　　　　B. 单步式　　　　　　C. 报告式　　　　　　D. 账户式

27. 在利润表中，从利润总额中减去（　　）得出净利润。

　　A. 应缴所得税　　　　B. 利润分配数　　　　C. 营业费用　　　　　D. 所得税费用

28. 下列各项属于利润表项目的是（　　）。

　　A. 应收账款　　　　　B. 销售费用　　　　　C. 固定资产　　　　　D. 应缴税费

29. 某年 12 月 31 日编制的利润表中"本月数"一栏反映了（　　）。

　　A. 12 月 31 日利润或亏损的形成情况

　　B. 1～12 月累计利润或亏损的形成情况

　　C. 12 月份利润或亏损的形成情况

　　D. 第 4 季度利润或亏损的形成情况

30. 某企业2007年发生的营业收入为1 000 000元,营业成本为400 000元,销售费用为100 000元,管理费用为200 000元,财务费用为100 000元,投资收益为300 000元,营业外收入为150 000元,营业外支出为50 000元。该企业2007年的营业利润为(   )元。
   A. 600 000   B. 200 000   C. 500 000   D. 600 000

二、多项选择题
1. 企业财务报表至少包括(   )。
   A. 资产负债表   B. 利润表
   C. 现金流量表   D. 收入支出总表
2. 下列各项中,属于中期财务会计报告的有(   )。
   A. 月度财务会计报告   B. 季度财务会计报告
   C. 半年度财务会计报告   D. 年度财务会计报告
3. 下列各项中,属于财务会计报告编制要求的有(   )。
   A. 真实可靠   B. 相关可比   C. 全面完整   D. 编报及时
4. 下列影响利润总额计算的项目有(   )。
   A. 营业利润   B. 营业外支出   C. 营业外收入   D. 投资收益
5. 多步式利润表是通过多步计算求出当期利润,一般将其计算过程划分为(   )等进行。
   A. 营业收入   B. 营业利润   C. 利润总额   D. 净利润
6. 企业一定期间内产生的现金流量有(   )。
   A. 经营活动产生的现金流量   B. 现金转换为现金等价物
   C. 投资活动产生的现金流量   D. 筹资活动产生的现金流量
7. 资产负债表的格式主要有(   )两种。
   A. 账户式   B. 单项式   C. 报告式   D. 多项式
8. 下列资产负债表中的部分项目,属于所有者权益的有(   )。
   A. 实收资本   B. 资本公积   C. 盈余公积   D. 未分配利润
9. 下列各项属于资产负债表左方项目的是(   )。
   A. 应收账款   B. 固定资产   C. 预付账款   D. 累计折旧
10. 下列各项属于资产负债表右方项目的是(   )。
    A. 实收资本   B. 未分配利润   C. 应付账款   D. 预付账款
11. 资产负债表分析计算填列法的具体填列方法包括(   )。
    A. 根据若干总账账户期末余额分析计算填列
    B. 根据若干明细账账户期末余额分析计算填列
    C. 根据若干总账账户和明细账户期末余额分析计算填列
    D. 根据若干总账账账和明细账户期末发生额分析计算填列
12. 资产负债表中"货币资金"项目应根据(   )账户期末余额合计数填列。
    A. 库存现金   B. 应收票据
    C. 银行存款   D. 其他货币资金
13. 下列各项中属于根据若干明细账户期末余额分析计算填列的是(   )。
    A. 应收账款   B. 应付账款   C. 预收账款   D. 预付账款

14. 下列各项中应计入存货项目的有（　　）。
    A. 材料采购 B. 低值易耗品
    C. 分期收款发出商品 D. 生产成本
15. 下列账户中，可能影响资产负债表中"应付账款"项目金额的有（　　）。
    A. 应收账款 B. 预收账款 C. 应付账款 D. 预付账款
16. 资产负债表中"预收账款"项目应根据（　　）总分类账户所属各明细类账户期末贷方余额合计填列。
    A. 预付账款 B. 应收账款 C. 应付账款 D. 预收账款
17. 资产负债表中的"预付账款"项目，应根据（　　）之和填列。
    A. "预付账款"明细科目的借方余额 B. "预付账款"明细科目的贷方余额
    C. "应付账款"明细科目的贷方余额 D. "应付账款"明细科目的借方余额
18. 资产负债表中"应收账款"项目应根据（　　）之和填列。
    A. "应收账款"科目所属明细科目的借方余额
    B. "应收账款"科目所属明细科目的贷方余额
    C. "应付账款"科目所属明细科目的贷方余额
    D. "预收账款"科目所属明细科目的借方余额
19. 下列各项属于利润表项目的是（　　）。
    A. 营业收入 B. 营业成本 C. 投资收益 D. 管理费用
20. 下列各项，影响企业营业利润的项目有（　　）
    A. 销售费用 B. 管理费用
    C. 投资收益 D. 营业务税金及附加

三、判断题
1. 资产负债表是反映企业在某一特定日期的财务状况的报表。（　　）
2. 编制会计报表的主要目的就是为会计报表使用者决策提供信息。（　　）
3. 会计报表按照报送对象不同，可以分为个别会计报表和合并会计报表。（　　）
4. 报告式资产负债表中资产项目是按重要性排列的。（　　）
5. 资产负债表中的"流动资产"各项目是按照资产的流动性由弱到强排列的。（　　）
6. 资产负债表"年初数"栏内容的各项目数字，应根据上年年末资产负债表"期末数"栏内所列数字直接转录填列。（　　）
7. 资产负债表左右两方的项目，是根据总账或明细分类账的期末余额直接填列的。（　　）
8. 资产负债表属于动态报表，而利润表属于静态报表。（　　）
9. 季度、月度财务会计报告通常仅指会计报表，会计报表至少应当包括资产负债表和利润表。（　　）
10. 资产负债表中"货币资金"项目，应根据"银行存款"账户的期末余额填列。（　　）
11. 账户式资产负债表分左右两方，右方为负债及所有者权益项目，一般按求偿权先后顺序排列。（　　）
12. 资产负债表中"货币资金"项目应根据"现金""银行存款""其他货币资金"账户的期末余额合计数填列。（　　）

13. 资产负债表中"应收账款""应付账款""预收账款""预付账款"等项目应根据若干明细账户期末余额分析计算填列。（   ）

14. 如果"应收账款"总账账户所属明细账户中有的期末出现贷方余额时，其贷方余额应在资产负债表右方的"预收账款"项目内填列。（   ）

15. 资产负债表中"应收账款"项目，应根据"应收账款"账户所属各明细账户的期末借方余额合计填列。如"预收账款"账户所属有关明细账户有借方余额的，也应包括在本项目内。（   ）

16. 按照《企业会计制度》的规定，我国企业的利润表采用单步式。（   ）

17. 利润表的"本年累计数"栏反映各项目自年初起至报告期末止的累计实际发生额。（   ）

18. 利润表是反映企业在一定时期的经营成果的报表。（   ）

19. 根据利润表，可以分析评价企业的盈利状况并预测企业未来的损益变化趋势及获利能力。（   ）

20. 现金流量表中的筹资活动是指导致企业资本及债务规模和构成发生变化的活动。（   ）

第二部分　业务技能训练

实训一　编制资产负债表

一、实训目的

通过实训使学生了解资产负债表的格式和结构，掌握资产负债表部分项目的填列方法以及编制资产负债表的方法。

二、实训要求

1. 根据资料（一）在资产负债表中（　　）部分填上恰当的数字。
2. 根据资料（二）编制资产负债表。

三、实训资料

资料（一）：某企业 2011 年 12 月 31 日，期末资产总计比年初多 45 000 元；年末流动资产是年末流动负债的 3 倍。

资产负债表有关资料见下表：

资产负债表

2011 年 12 月 31 日　　　　　　　　　　　　　　　　　　　单位：元

资产	年初数	期末数	负债及所有者权益	年初数	期末数
流动资产：			流动负债：		
货币资金	20 000	19 000	短期借款	5 000	7 300
应收账款	43 000	（　）	应付账款	15 000	33 000
存货	81 000	90 500	应缴税费	27 000	15 700
流动资产合计	（　）	（　）	流动负债合计	47 000	（　）
非流动资产：			非流动负债：		
固定资产	286 000	（　）	长期借款	125 000	155 000
			所有者权益：		
			实收资本	170 000	170 000
			盈余公积	88 000	94 000
			未分配利润		
			所有者权益合计	258 000	264 000
资产总计	（　）	（　）	负债及所有者权益总计	430 000	（　）

资料（二）：某公司 2011 年 12 月 31 日各有关总账及明细账的余额如下：

单位：元

序号	账户名称	借方余额	贷方余额
1	固定资产	2 914 000	
2	库存商品	513 000	
3	包装物	112 000	
4	库存现金	400	
5	银行存款	34 600	
6	应收账款——甲公司	30 000	
7	——乙公司	2 835	
	其他应收款	27 000	
8	实收资本		2 634 000
9	累计折旧		880 000
10	短期借款		62 400
11	应付账款——丙公司		4 835
12	——丁公司		33 000
	应缴税费		600
13	盈余公积		19 000

资产负债表
年　月　日

单位：元

资产	年初数	期末数	负债及所有者权益	年初数	期末数
			流动负债：		
流动资产：			短期借款		
货币资金			应付票据		
应收账款			应付账款		
其他应收款			其他应付款		
存货			应缴税费		
流动资产合计			流动负债合计		
非流动资产：			非流动负债：		
固定资产			长期借款		
			所有者权益：		
			实收资本		
			盈余公积		
			未分配利润		
			所有者权益合计		
资产总计			负债及所有者权益总计		

实训二　编制利润表

一、实训目的

通过实训使学生了解利润表的格式和结构，掌握利润表的编制方法。

二、实训要求

根据实训资料编制会计分录并编制利润表。

三、实训资料

某公司 2011 年 12 月份发生部分经济业务如下：
1. 销售 A 产品 750 件，单价 80 元，增值税率 17%，款项尚未收回。
2. 销售 B 产品 1 000 件，单价 150 元，增值税率 17%，款项已存入银行。
3. 预收 C 产品货款 30 000 元存入银行。
4. 结转已销 A、B 产品的实际生产成本，A 产品单位成本 60 元，B 产品单位成本 120 元。
5. 用银行存款支付广告费 3 000 元。
6. 用现金支付管理人员工资 8 000 元。
7. 用现金支付专设销售机构的人员工资 5 000 元。
8. 预提应由本月负担的银行借款利息 1 200 元。
9. 以现金报销办公室张强差旅费 800 元。
10. 用银行存款支付职工子弟学校经费 1 800 元。
11. 收到某购货单位由于未及时履行供销合同而支付给本单位的违约金 300 元，存入银行。
12. 结转本期主营业务收入和营业外收入。
13. 结转本期主营业务成本、销售费用、管理费用、财务费用和营业外支出。
14. 按利润总额的 25% 计算企业所得税。
15. 按税后净利润额的 30% 计算应付投资者股利。

实训三　会计报表的编制

一、实训目的

通过实训使学生进一步掌握资产负债表和利润表的编制方法，提高学生的报表编制能力。

二、实训要求

根据所给资料编制甲公司 2011 年 12 月 31 日的资产负债表和 2011 年度的利润表。

三、实训资料

甲公司 2010 年 12 月 31 日的资产负债表、2010 年 12 月 31 日各账户期末余额及 2010 年度各损益账户发生额如下：

资产负债表

编制单位：甲公司　　　　　　　　　　2010 年 12 月 31 日　　　　　　　　　会企 01 表　　　　　单位：元

资产	金额	负债及所有者权益	金额
流动资产：		流动负债：	
货币资金	562 520	短期借款	120 000
交易性金融资产	6 000	交易性金融负债	
应收票据	98 400	应付票据	80 000
应收账款	119 640	应付账款	381 520
预付款项	80 000	预收款项	
应收利息		应付职工薪酬	44 000
应收股利		应缴税费	14 640
其他应收款	2 000	应付利息	400
存货	1 032 000	应付股利	
其中：消耗性生物资产		其他应付款	20 000
一年内到期的非流动资产		一年内到期的非流动负债	400 000
其他流动资产		其他流动负债	
流动资产合计	1 900 560	流动负债合计	1 060 560
非流动资产：		非流动负债：	
可供出售金融资产		长期借款	240 000
持有至到期投资		应付债券	
长期应收款		长期应付款	
长期股权投资	100 000	专项应付款	
投资性房地产		预计负债	
固定资产	440 000	递延所得税负债	
在建工程	600 000	其他非流动负债	
工程物资		非流动负债合计	240 000
固定资产清理		负债合计	1 300 560
生产性生物资产		所有者权益（或股东权益）	
油气资产		实收资本（或股本）	2 000 000
无形资产	240 000	资本公积	
开发支出		减：库存股	
商誉		盈余公积	40 000
长期待摊费用	80 000	未分配利润	20 000
递延所得税资产		所有者权益合计	2 060 000
其他非流动资产			
非流动资产合计	1 460 000		
资产总计	3 360 560	负债及所有权益总计	3 360 560

2011 年 12 月 31 日各账户期末余额表

科目名称	借方余额	科目名称	贷方余额
库存现金	800	坏账准备	720
银行存款	327 498	累计折旧	68 000
交易性金融资产	0	累计摊销	24 000
应收票据	18 400	短期借款	20 000
应收账款	240 000	应付票据	40 000
预付账款		应付账款	381 520
其他应收款	2 000	其他应付款	20 000
材料采购	110 000	应付职工薪酬	72 000
原材料	18 000	应缴税费（不含增值税）	56 764
包装物	15 220	应缴增值税	28 013.60
低值易耗品	0	应付利息	64 000
库存商品	884 960	长期借款	400 000
材料成本差异	1 700	应付股利	12 886.34
生产成本	0	其中：一年内到期的长期借款	
长期股权投资	100 000	股本	2 000 000
固定资产	960 400	盈余公积	54 274.06
在建工程	231 200	未分配利润	88 000
工程物资	60 000		
固定资产清理	0		
无形资产	240 000		
长期待摊费用	80 000		

2011 年度各损益账户发生额表

科目名称	借方发生额	贷方发生额
主营业务收入		500 000
主营业务成本	300 000	
营业税金及附加	800	
销售费用	8 000	
管理费用	62 840	
财务费用	16 600	
资产减值损失	309 000	
投资收益		12 600
营业外收入		20 000
营业外支出	7 880	
资产减值损失	360	
所得税费用	40 959.60	

附：实训所需空白报表。

资产负债表

会企01表

编制单位：　　　　　　　　　　　　　　年　月　日　　　　　　　　　　　　　　单位：元

资产	年末余额	年初余额	负债及所有者权益	年末余额	年初余额
流动资产：			流动负债：		
货币资金			短期借款		
交易性金融资产			交易性金融负债		
应收票据			应付票据		
应收账款			应付账款		
预付款项			预收款项		
应收利息			应付职工薪酬		
应收股利			应缴税费		
其他应收款			应付利息		
存货			应付股利		
其中：消耗性生物资产			其他应付款		
一年内到期的非流动资产			一年内到期的非流动负债		
其他流动资产			其他流动负债		
流动资产合计			流动负债合计		
非流动资产：			非流动负债：		
可供出售金融资产			长期借款		
持有至到期投资			应付债券		
长期应收款			长期应付款		
长期股权投资			专项应付款		
投资性房地产			预计负债		
固定资产			递延所得税负债		
在建工程			其他非流动负债		
工程物资			非流动负债合计		
固定资产清理			负债合计		
生产性生物资产			所有者权益（或股东权益）		
油气资产			实收资本（或股本）		
无形资产			资本公积		
开发支出			减：库存股		
商誉			盈余公积		
长期待摊费用			未分配利润		
递延所得税资产			所有者权益合计		
其他非流动资产					
非流动资产合计					
资产总计			负债及所有权益总计		

利润表　　　　　　　　　　　　　　　会企02表

编制单位：　　　　　　　　　　年　月　　　　　　　　　　　　　　单位：元

项　目	本期金额	上期金额
一、营业收入		
减：营业成本		
营业税金及附加		
销售费用		
管理费用		
财务费用		
资产减值损失		
加：公允价值变动收益（损失以"－"号填列）		
投资收益（损失以"－"号填列）		
其中：对联营企业和合营企业的投资收益		
二、营业利润（亏损以"－"号填列）		
加：营业外收入		
减：营业外支出		
其中：非流动资产处置损失		
三、利润总额（亏损总额以"－"号填列）		
减：所得税费用		
四、净利润（净亏损以"－"号填列）		
五、每股收益		
（一）基本每股收益		
（二）稀释每股收益		

项目十　会计工作组织与管理

基础知识训练

一、单项选择题

1. （　　）部门是全国会计工作的主管机关。
   A. 税收　　　　　　　B. 财政　　　　　　　C. 金融　　　　　　　D. 审计
2. 会计人员的工作岗位应当有计划地进行（　　），以促进会计人员全面熟悉业务。
   A. 更改　　　　　　　B. 增减　　　　　　　C. 轮换　　　　　　　D. 变动
3. 企业的总账和明细账，一般应保存（　　）。
   A. 10 年　　　　　　 B. 5 年　　　　　　　C. 25 年　　　　　　 D. 15 年
4. 我国会计工作在管理体制上具有（　　）的特点。
   A. 统一领导　　　　　　　　　　　　　　　B. 分级管理
   C. 统一领导，分级管理　　　　　　　　　　D. 统一领导，分散管理
5. 原始凭证和记账凭证的保管期限均为（　　）。
   A. 15 年　　　　　　 B. 25 年　　　　　　 C. 3 年　　　　　　　D. 10 年
6. 定期保管的会计档案期限最长为（　　）。
   A. 20 年　　　　　　 B. 15 年　　　　　　 C. 25 年　　　　　　 D. 10 年
7. 会计档案销毁清册的保管期限为（　　）。
   A. 永久　　　　　　　B. 20 年　　　　　　 C. 15 年　　　　　　 D. 10 年
8. 企业年度财务报告（结算）的保管期限为（　　）。
   A. 25 年　　　　　　 B. 20 年　　　　　　 C. 15 年　　　　　　 D. 永久
9. 现金和银行存款日记账的保管期限为（　　）。
   A. 永久　　　　　　　B. 25 年　　　　　　 C. 20 年　　　　　　 D. 15 年
10. 其他单位如果因特殊原因需要使用原始凭证时，经本单位负责人批准（　　）。
    A. 可以借出　　　　　　　　　　　　　　　B. 只可以借阅不能复制
    C. 不可以查阅或复制　　　　　　　　　　　D. 可以查阅或复制
11. 按内部牵制原则的要求，会计机构中保管会计档案的人员不得由（　　）兼任。
    A. 会计人员　　　　　　　　　　　　　　　B. 会计机构负责人
    C. 出纳人员　　　　　　　　　　　　　　　D. 会计主管人员

二、多项选择题

1. 为了贯彻内部牵制制度的要求，出纳员不得兼管（   ）。
   A. 总账的登记工作
   B. 会计档案的保管工作
   C. 货币资金日记账的登记工作
   D. 债权债务明细账的登记工作
2. 会计工作的组织主要包括（   ）。
   A. 会计机构的设置
   B. 会计法规准则和制度的制定和执行
   C. 会计档案保管
   D. 会计人员的配备
3. 会计人员的主要职责有（   ）。
   A. 进行会计核算
   B. 实行会计监督
   C. 参与制订计划、考核分析计划的执行
   D. 进行生产经营管理
4. 会计专业技术职务名称有（   ）。
   A. 会计师
   B. 高级会计师
   C. 助理会计师
   D. 注册会计师
5. 会计人员的工作岗位一般分为（   ）。
   A. 会计主管
   B. 出纳
   C. 助理会计师
   D. 往来结算
6. 下列会计资料中，属于会计档案范围的有（   ）。
   A. 银行对账单
   B. 财务收支计划
   C. 会计账簿
   D. 会计移交清册
7. 会计法规是国家管理会计工作的各种（   ）等的总称。
   A. 法令
   B. 制度
   C. 法律
   D. 条例
8. 会计法规按内容分类，分为（   ）。
   A. 会计的基本法规
   B. 会计业务的法规
   C. 会计机构的法规
   D. 会计人员的法规
9. 以下属于会计档案的有（   ）。
   A. 总账
   B. 明细账
   C. 银行对账单
   D. 银行余额调节表
10. 会计档案的定期保管期限有（   ）。
    A. 5 年
    B. 10 年
    C. 20 年
    D. 25 年
11. 会计档案保管清册中应列明所销毁会计档案的（   ）等内容。
    A. 起止年度和档案编号
    B. 应保管期限
    C. 已保管期限
    D. 销毁时间
12. 保管期满，不得销毁的会计档案有（   ）。
    A. 未结清的债权债务原始凭证
    B. 正在建设期间的建设单位的有关会计档案
    C. 超过保管期限但尚未报废的固定资产购买凭证
    D. 银行存款余额调节表
13. 下列会计档案中，保管期限为 15 年的有（   ）。

A. 原始凭证　　　　B. 现金日记账　　　　C. 明细账　　　　D. 记账凭证

14. 下列会计档案中，保管期限为5年的有（　　）。
A. 银行对账单　　　　　　　　　　B. 银行存款余额调节表
C. 企业月、季度财务报告　　　　　D. 财政总预算月、季度报表

15. 下列会计档案中，保管期限为永久的有（　　）。
A. 年度财务会计报告　　　　　　　B. 会计档案销毁清册
C. 现金和银行存款日记账　　　　　D. 会计移交清册

三、判断题

1. 会计工作既是一项严密细致的经济管理工作，又是一项综合性的经济管理工作。（　　）
2. 会计机构是企业单位中组织、处理会计工作的职能部门。在我国，大多数企业、行政事业单位的会计机构都是与财务机构合并设置的，称为财会机构。（　　）
3. 根据《会计法》规定，记账、算账、报账是会计人员的工作权限。（　　）
4. 会计人员对于违反国家统一的财政制度、财务制度规定的收支，可以根据具体情况，酌情处理。（　　）
5. 各企业、事业行政机关等单位一般都应单独设置会计机构。但一些规模小、会计业务简单的单位，也可不单独设置会计机构。（　　）
6. 出纳人员在完成收付现金、登记现金日记账等本职工作后，为充分发挥其积极性，可由出纳人员负责登记现金、债务债权结算的总账工作。（　　）
7. 企业的全部会计档案均应永久保存，以便查阅。（　　）
8. 集中核算就是把整个单位的会计工作主要集中在会计部门进行。（　　）
9. 我国会计法规管理的层次依次为：会计法、企业会计和企业财务通则、行业会计制度和行业财务制度、企业内部会计制度和财务制度。（　　）
10. 会计工作岗位，可以一人一岗、一人多岗或者一岗多人。（　　）
11. 会计人员的职责，就是进行会计核算。（　　）
12. 会计年度财务报告（决算）应当永久保存。（　　）
13. 保管期满的会计档案中，如果有未了结的债权债务的原始凭证，一般必须继续保管，不得销毁。（　　）
14. 会计机构内部稽核制度就是内部审计制度，都是会计机构内部的一种工作制度。（　　）
15. 会计档案是记录和反映经济业务的重要史料和证据。（　　）
16. 会计档案销毁清册不属于会计档案。（　　）
17. 各单位每年形成的会计档案，应当由会计机构负责整理立卷，装订成册，并编制会计档案保管清册。（　　）
18. 为了加强会计档案的管理，企业当年形成的会计档案也必须有专门的档案管理机构管理，而不能由会计机构暂行管理。（　　）
19. 会计档案不得借出，如有特殊需要可以提供查阅或复制，查阅或复制时，应办理登记手续。（　　）
20. 会计档案的保管期限是从会计年度终了的第一天算起。（　　）

第二篇　基础会计综合能力训练

综合实训一

一、实训目的

本项综合实训根据一虚拟企业一个会计期间的模拟会计核算资料，进行企业一般经济业务手工账务处理的基础技能综合训练，其目的是使学生系统地掌握会计账务处理程序的基本步骤以及各种经济业务的具体处理方法，从而进一步加强学生对所学会计理论知识的理解与认识，完成从理论到实践的认知过程。实训内容涵盖了会计操作的全部基本技能——建立会计账簿，填制和审核会计凭证，登记相关会计账簿，期末对账、结账，编制会计报表等内容。

二、实训要求

（一）根据经济业务编制记账凭证

要求依据各项收款业务、付款业务、转账业务分别填制收、付、转凭证。填明日期、摘要、科目名称、金额，并在凭证上签名或盖章，还要注明所附原始凭证的张数和对记账凭证进行编号。本项实训需要收款凭证 4 张、付款凭证 13 张、转账凭证 22 张，格式见所附凭证。

（二）根据会计凭证登记各种日记账

要求根据收、付款凭证逐笔登记现金日记账和银行存款日记账。本项实训登记的现金日记账和银行存款日记账采用三栏式账页。

（三）根据会计凭证登记各种明细分类账

要求根据记账凭证并参考原始凭证登记原材料、应收账款、管理费用等有关明细分类账，从而掌握数量金额式、三栏式、多栏式明细账的登记方法。具体格式见所附明细账。

（四）根据记账凭证编制科目汇总表

要求根据收、付、转记账凭证按月汇总出每一个会计科目的发生额，然后据以编制科目汇总表。（实际工作中如果企业业务量较多，也可按 5 日、按旬等编制科目汇总表）

（五）根据科目汇总表登记总分类账

要求根据科目汇总表汇总登记总分类账。本项实训需要登记 29 个总分类账。

（六）根据总账发生额与期末余额编制试算平衡表

期末，将全部经济业务登入账簿以后，需要计算与登记各种账簿的本期发生额和期末余额，也称为期末结账。总账发生额与期末余额的核对，一般是通过编制"总分类账户发生额及余额试算平衡表"进行，总账和明细账的核对一般通过编制"总账与明细账核对表"进行核对。本项实训不要求编制"总账与明细账核对表"。

（七）根据有关账户的发生额及期末余额编制财务报表

企业的主要财务报表包括资产负债表、利润表和现金流量表三大报表。本项实训仅要求编制资产负债表和利润表。

三、模拟企业基本情况

（一）企业简介

企业名称：辽宁陆通有限公司
企业类型：有限责任公司
行业类别：工业
地址：沈阳市和平区十四纬路1号
电话：024—23863516
营业执照：010246557866
法人代表：张宏发
纳税人登记号：1123867388737670
开户银行：农业银行方型广场分理处
账号：801025886
企业注册资本：人民币陆拾万元
其中：沈阳市达利制造厂投入人民币肆拾伍万元
　　　铁岭市顺风制造厂投入人民币壹拾伍万元
生产经营范围：主要生产并销售A、B产品

（二）企业的主要机构及负责人

编号	部门	部门属性	负责人
1	办公室	管理	赵云
2	财务部	管理	钱红
3	人事部	管理	孙鹤
4	采购部	管理	李强

续表

编号	部门	部门属性	负责人
5	生产车间	生产	周洋
6	销售部	销售	吴用

（三）财务部门的设置及人员分工

姓名	职务	权限
钱红	财务主管	主要负责审核、编制会计报表
郑好	会计	主要负责审核、编制会计报表和出纳权限以外的其他权限
王华	出纳	主要负责现金收付、银行存款收付凭证的填制、现金日记账、银行存款日记账的登记、支票登记等

（四）往来客户情况

名称	地址	电话	开户银行	账号	税务登记号
北京龙华公司	朝阳区望京路1号	01012345678	工行北京分行	135—987234	234563337927056
大连泰安公司	中山区人民路8号	041184445000	工行新开支行	8—7001123	211000333444652
中山市光明公司	黄埔区解放路6号	076045678091	工行中山支行	2364813578	800002345123478
鞍山市长河公司	永和区白山路5号	041265347896	工行长河支行	123654123	130198543217978
沈阳永道公司	皇姑区黄河路4号	02434561278	工行泰山支行	705123123	139988186768617
沈阳市汽贸中心	沈河区惠工路3号	02423456789	农行惠工支行	478315642	212285038130957
沈阳市渤海公司	皇姑区长江路2号	02486172991	农行长江支行	405388887	397894258970601

（五）会计核算的有关要求

1. 库存现金实行限额管理，开户银行与企业共同制定的库存现金限额为10 000元。

2. 企业各职能部门人员外出采购材料、销售商品、参加会议等，经批准可以乘飞机、火车或汽车前往。外出住宿每昼夜一般不超过200元标准。出差期间每天伙食补贴人民币50元。交通补助每天30元。

3. "生产成本"明细分类账户设直接材料、直接人工（包括工资及福利费）和制造费用三个成本项目。"制造费用"按生产工人工资的比例进行分配。

4. 产品销售成本在月末集中结转。

5. 固定资产折旧，为了简化，采用综合折旧率，月折旧率为0.5%。

6. 月末集中计算应缴税费。企业为一般纳税人，缴纳增值税，使用增值税专用发票，税率为17%；所得税率为25%；城市维护建设税税率为三税（增值税、营业税、消费税）的7%；教育费附加税率为三税（增值税、营业税、消费税）的3%，按月纳税。

7. 短期借款利息按季支付，每月预提。

8. 企业利润的结转采用账结法。

9. 企业设有两个仓库：一个成品库，一个材料库。其保管员分别为冯实、严瑾。

10. 分配率要求保留到小数点后四位数，金额要求保留到小数点后两位数。

（六）账务处理程序

本项实训采用科目汇总表账务处理程序，见下图。

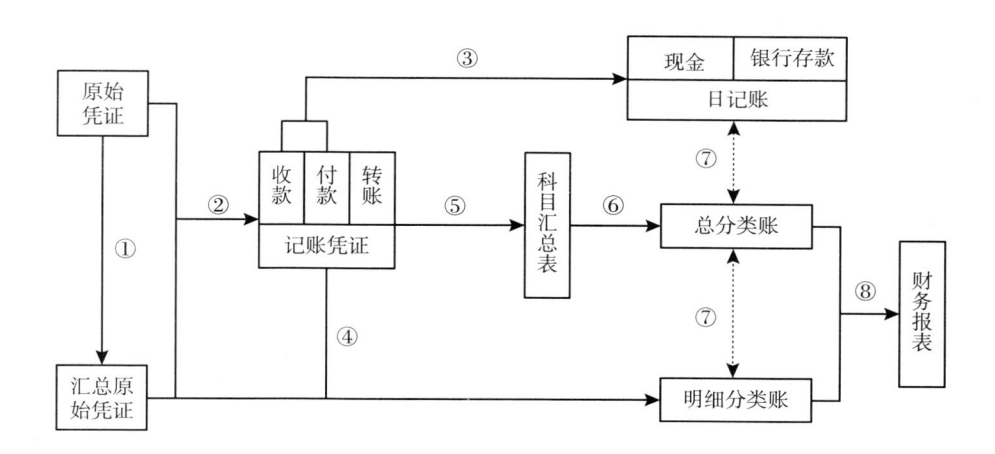

1. 根据原始凭证编制汇总原始凭证。
2. 根据原始凭证或汇总原始凭证编制记账凭证。
3. 根据收款凭证、付款凭证逐笔登记现金日记账和银行存款日记账。
4. 根据原始凭证、汇总原始凭证和记账凭证登记各种明细分类账。
5. 根据各种记账凭证编制科目汇总表。
6. 根据科目汇总表登记总分类账。
7. 期末，现金日记账、银行存款日记账和明细分类账的余额同有关总分类账的余额核对相符。
8. 期末，根据总分类账和明细分类账的记录，编制财务报表。

（七）生产流程

四、实训资料

（一）辽宁陆通有限公司 2010 年 11 月 30 日有关账户情况：

1. 资产负债及所有者权益类账户 2010 年 11 月 30 日余额资料：

编号	总分类账户	明细账户	余额方向	金额（单位：元）
1001	库存现金		借	8 000
1002	银行存款	农行方型广场分理处	借	250 000
1122	应收账款		借	191 740
		北京龙华公司	借	85 740
		大连泰安公司	借	106 000
1403	原材料		借	69 200
		甲材料（1600公斤）	借	19 200
		乙材料（1700公斤）	借	30 600
		丙材料（1940公斤）	借	19 400
1405	库存商品		借	68 800
		A产品（200件）	借	40 000
		B产品（160件）	借	28 800
1601	固定资产		借	600 000
		车间用固定资产	借	400 000
		管理用固定资产	借	200 000
1602	累计折旧		贷	35 000
1701	无形资产		借	30 000
2001	短期借款		贷	200 000
2202	应付账款		贷	23 100
		中山市光明公司	贷	23 100
2211	应付职工薪酬	福利费	贷	1 000
2221	应缴税费		贷	25 740
		应缴增值税	贷	8 400
		应缴城建税	贷	588
		应缴教育费附加	贷	252
		应缴所得税	贷	16 500
4001	实收资本		贷	600 000
		沈阳市达利制造厂	贷	450 000
		铁岭市顺风制造厂	贷	150 000
4101	盈余公积		贷	60 000
4103	本年利润		贷	180 900
4104	利润分配		贷	92 000
		未分配利润	贷	92 000

2. 损益类账户 1~11 月累计发生额资料

编号	损益类总账科目	借方	贷方
6001	主营业务收入		1 252 400
6051	其他业务收入		93 600
6301	营业外收入		10 000
6401	主营业务成本	879 000	
6402	其他业务成本	20 000	
6403	营业税金及附加	80 000	
6601	销售费用	40 000	
6602	管理费用	50 000	
6603	财务费用	10 000	
6711	营业外支出	7 000	
6801	所得税费用	89 100	

注：2010年1~11月公司累计实现的净利润为180 900元。

（二）辽宁陆通有限公司2010年12月发生经济业务如下：

1. 1日，收到大连泰安公司前欠货款106 000元。

附凭证1—① 委托收款凭证

2. 3日，财务部组织电算化培训，发生培训费用2 500元，开出转账支票交给沈阳市用友培训公司。

附凭证2—①服务行业专用发票　2—②转账支票存根

3. 4日，从鞍山市长河公司购入丙材料4 000公斤，单价9.8元，增值税进项税为6 664元，对方代垫运杂费800元。货款、税款及运费均通过银行予以承付，材料尚未到达。

附凭证3—①托收承付结算凭证　3—②增值税专用发票　3—③铁路运费收据

4. 5日，从鞍山市长河公司购入丙材料到达，经检验合格，如数验收入库。

附凭证4—①收料单

5. 6日，生产车间为生产A产品领用乙材料600公斤，丙材料3 000公斤。

附凭证5—①领料单

6. 7日，开出现金支票提取现金2 000元，以备日常零星开支用。

附凭证6—①现金支票存根

7. 8日，生产车间生产B产品领用甲材料1 000公斤，乙材料500公斤。

附凭证7—①领料单

8. 9日，以银行存款交纳上月增值税8 400元，（销售收入100 000元，税率17%，进项税额8 600元，）应缴所得税16 500元（应纳税所得额66 000元，税率25%），应缴城市维护建设税588元，应缴教育费附加252元。

附凭证8—①增值税税收缴款书　8—②所得税税收缴款书　8—③城建税及教育费附加税收缴款书　8—④转账支票存根

9. 10日，采购部黎明出差大连联系业务，预借差旅费2 000元，经批准给付现金。

附凭证9—①借款单

10. 12 日，售给沈阳市渤海公司 A 产品 200 件，每件售价 500 元，增值税 17 000 元（购货方采用提货制），收到转账支票一张，填制进账单，将支票交存银行。该批产品单位成本 200 元。

附凭证 10—①增值税专用发票　10—②进账单　10—③出库单

11. 13 日，采购部黎明出差归来，报销差旅费 1 240 元，（其中火车费 320 元，住宿费 600 元，伙食补助 200 元，交通补助 120 元，余款交回财会部门。

附凭证 11—①差旅费报销单　11—②收据

12. 15 日，通过银行汇款给中山市光明公司 23 100 元，偿还前欠货款。

附凭证 12—①电汇凭证

13. 16 日从沈阳市永道公司购入甲材料 1 000 公斤，单价 11.5 元，增值税 1 955 元，材料如数验收入库，开出转账支票付款 13 455 元，用现金付运费 500 元。

附凭证 13—①增值税专用发票　13—②转账支票存根　13—③运费单据　13—④收料单

14. 18 日，公司到本市汽贸中心购买金杯中客一台，开出支票付清车款 117 000 元。

附凭证 14—①增值税专用发票　14—②转账支票存根　14—③设备验收单

15. 19 日，生产车间一般消耗领用乙材料 200 公斤，管理部门日常维修领用丙材料 60 公斤。

附凭证 15—①领料单　15—②领料单

16. 20 日，开出现金支票一张，提取现金 105 600 元，备发工资。

附凭证 16—①现金支票存根

17. 20 日，根据工资结算汇总表以现金发放职工工资 105 600 元。

附凭证 17—①工资结算表

18. 20 日开出支票支付市电视台广告费 4 000 元。

附凭证 18—①转账支票存根　18—②发票

19. 21 日大连泰安公司购 B 产品 160 件，单价 400 元，增值税率 17%，货已发出，并以银行存款代垫运费 1 000 元，以上货款、税金、运费已采用托收承付方式委托银行收取。该批产品的单位成本为 180 元。

附凭证 19—①托收承付结算凭证　19—②增值税专用发票　19—③铁路运费收据　19—④转账支票存根　19—⑤出库单

20. 26 日收到大连泰安公司购 B 产品托收款 75 880 元。

附凭证 20—①托收承付结算凭证

21. 月末根据工资分配表分配本月工资费用，其中 A 产品生产工人工资 50 000 元，B 产品生产工人工资 40 000 元，车间管理人员工资 8 000 元，厂部管理人员工资 12 000 元。

附凭证 21—①工资分配表

22. 月末根据职工工资的 14% 计提取职工福利费。

附凭证 22—①职工福利费计算表

23. 月末根据水电费分配表分配本月水电费：本月水费 1 268 元，水费分配如下：生产车间一般耗用 980 元，厂部耗用 288 元；电费 3 600 元（4 500 度，单价 0.8 元），电费按使用情况分配如下：生产车间耗用 4 000 度，行政管理部门耗用 500 度。

附凭证 23—①水电费分配表

24. 月末计提本月固定资产折旧（车间使用的固定资产原值为 400 000 元，行政管理部门

使用的固定资产原值为 200 000 元）。

附凭证 24—①折旧计算表

25. 月末预提短期借款利息。（年利率 6%）

附凭证 25—①短期借款利息预提表

26. 月末按产品生产工人工资的比例分配本月制造费用。

附凭证 26—①制造费用分配表

27. 月末计算并结转本月完工产品的成本（A 产品完工 500 件，B 产品完工 400 件，均无在产品）。

附凭证 27—①完工产品成本计算表 27—②产品入库单

28. 月末计算并结转本月已销产品的销售成本。

附凭证 28—①产品销售成本计算表

29. 月末计算应缴城市维护建设税和应缴教育费附加。

附凭证 29—①城市维护建设税和教育费附加计算表

30. 月末结转本月损益类账户。（无凭证）

31. 月末计算并结转本月所得税费用。

附凭证 31—①所得税计算表

32. 将"本年利润"账户余额转入"利润分配——未分配利润"账户（无凭证）。

33. 按全年净利润的 10% 提取法定盈余公积，并向投资者分配利润 100 000 元。

附凭证 33—①盈余公积计算表 33—② 分红决议 33—③利润分配表

34. 结转利润分配明细账（无凭证）。

（三）12 月发生的经济业务的原始凭证

凭证 1—①

委托收款凭证（收账通知）

委邮　　委托日期 2010 年 11 月 29 日

付款人	全称	大连泰安公司	收款人	全称	辽宁陆通有限公司
	账号或地址	中山区人民路 8 号 8—7001123		账号或地址	沈阳市和平区十四纬路 1 号 801025886
	开户银行	工行新开支行		开户银行	农业银行方型广场分理处
委托金额	人民币（大写）壹拾万零陆仟元整		千 百 十 万 千 百 十 元 角 分 ¥ 1 0 6 0 0 0 0 0		
款项内容	货款	委托收款凭据名称	增值税发票	附寄单证张数	2
备注：		上列款项已全部划回收入你方账户			

收款人开户银行盖章
2010 年 12 月 1 日

凭证 2—①

沈阳市服务业统一发票
2010 年 12 月 3 日

客户名称：辽宁陆通有限公司

品名及规格	单位	数量	单价	金额						
				万	千	百	十	元	角	分
培训费					2	5	0	0	0	0
合计				¥	2	5	0	0	0	0
金额（大写）贰仟伍佰元整								¥ 2 500.00		

企业盖章：用友培训公司

凭证 2—②

中国工商银行转账支票存根

支票号码：
科　　目：
对方科目：
出票日期　2010 年 12 月 3 日

| 收款人：用友培训公司 |
| 金额：¥ 2 500.00 |
| 用途：支付财务部培训费 |

单位主管　　　会计

凭证 3—①

托收承付凭证（付款通知）
委托日期 2010 年 11 月 28 日

付款人	全称	辽宁陆通有限公司	收款人	全称	鞍山市长河公司
	账号或地址	沈阳市和平区十四纬路 1 号 801025886		账号或地址	永和区白山路 5 号 123654123
	开户银行	农业银行方型广场分理处		开户银行	工行长河支行

托收金额	人民币（大写）肆万陆仟陆佰陆拾肆元整	千	百	十	万	千	百	十	元	角	分
				¥	4	6	6	6	4	0	0

附寄单证张数	商品发运情况	合同号码
3	铁路发运	略
备注	款项收妥日 2010 年 12 月 4 日	收款人开户银行盖章 2010 年 12 月 4 日

凭证3—②

辽宁省增值税专用发票

开票日期：　　　　　　　　　2010年11月28日　　　　　　　　　　　　　　　No.03244344

购货单位	名称	辽宁陆通有限公司	纳税人登记号	1123867388737670	密码区
	地址电话	沈阳市和平区十四纬路1号	开户银行及账号	农行方型广场分理处 801025886	

货物或应税劳务名称	计量单位	数量	单价	金额 百十万千百十元角分	税率%	税额 百十万千百十元角分
丙材料	kg	4 000	9.8	3 9 2 0 0 0 0	17	6 6 6 4 0 0
合计				¥ 3 9 2 0 0 0 0		¥ 6 6 6 4 0 0

价税合计（大写）肆万伍仟捌佰陆拾肆元整　　　　　　　　　　¥ 45 864.00

销售单位	名称	鞍山市长河公司	纳税人登记号	130198543217978
	地址电话	永和区白山路5号（0412）65347896	开户银行及账号	工行长河支行 123654123
备注				

收款人：　　　　　　　　　　开票单位（未盖章无效）

第二联：记账联　购货方记账

凭证3—③

铁路货运收费发票

2010年11月28日

托运单位	鞍山市长河公司	受理单位	铁路货运公司	受理编号	号
装运地点	鞍山市	承运单位	一队	运输合同	号
卸货地点	沈阳市	计量办法		计费里程	（公里）

货物名称	件数	规格	托运重量	运费 万千百十元角分
丙材料				8 0 0 0 0
合计（大写）捌佰元整			合计	¥ 8 0 0 0 0

凭证4—①

收 料 单

材料类别：　　　　　　　　　　2010 年 12 月 5 日　　　　　　　　　　编号：

材料编号	材料名称	规格	单位	数量		实际成本			
				发货票	实收	买价	运杂费	其他	合计
	丙材料		公斤	4 000	4 000	39 200	800		40 000
			合计						￥40 000
供货单位		东江市长河公司		结算方法	托收承付	合同号			
备注									

三联账

凭证5—①

领 料 单

领料部门：生产车间　　　　　　2010 年 12 月 6 日　　　　　　　　单位：元

材料编号	材料名称	材料类别	规格	单位	请领数量	实发数量	实际成本	
							单价	金额
	乙材料			公斤	600	600	18	10 800
	丙材料			公斤	3 000	3 000	10	30 000
合计								￥40 800
用途	生产A产品		·领料部门			发料部门		
			负责人		领料人	核准人		发料人

凭证6—①

中国工商银行转账支票存根
支票号码：
科　　目：
对方科目：
出票日期　2010 年 12 月 7 日

| 收款人：本单位 |
| 金额：￥2 000.00 |
| 用途：日常零星用 |

单位主管　　　　会计
复　核　　　　　记账

凭证 7—①

领 料 单

领料部门：生产车间　　　　2010 年 12 月 8 日　　　　　　　　　　　　单位：元

材料编号	材料名称	材料类别	规格	单位	请领数量	实发数量	实际成本 单价	实际成本 金额
	甲材料			公斤	1 000	1 000	12	12 000
	乙材料			公斤	500	500	18	9 000
	合计							￥21 000

用途	生产 B 产品	领料部门 负责人	领料部门 领料人	发料部门 核准人	发料部门 发料人

凭证 8—①

中华人民共和国税收通用缴款书

隶属关系：
经济类型：有限公司　　　　　填发日期 2010 年 12 月 9 日　　　　征税机关：和平区国税局

缴款单位（人）	代码		预算科目	编码	略
	全称	辽宁陆通有限公司		名称	略
	开户银行	农行方型广场分理处		级次	略
	账号	801025886		收缴国库	略

税款所属时期：2010-11-01~2010-11-30	税款限缴时间：2010-12-10

税种/税目	计税金额	税率	税额
增值税		17%	8 400

金额合计（大写）	人民币捌仟元整		
缴款单位（人）（盖章）经办人（章）	税务机关（盖章）填票人（章）	上列款项已收妥，并划转收款单位账户（国库）银行盖章 2010 年 12 月 9 日	备注

凭证 8—②

中华人民共和国税收通用缴款书

隶属关系：

经济类型：有限公司　　　　　填发日期 2010 年 12 月 9 日　　　　　征税机关：和平区国税局

缴款单位（人）	代码		预算科目	编码	略
	全称	辽宁陆通有限公司		名称	略
	开户银行	农行方型广场分理处		级次	略
	账号	801025886		收缴国库	略
税款所属时期：2010 - 11 - 01 ~ 2010 - 11 - 30			税款限缴时间：2010 - 12 - 10		
税种/税目	计税金额		税率	税额	
所得税	66 000		25%	16 500	
金额合计（大写）	人民币壹万陆仟伍佰元整				
缴款单位（人）（盖章）经办人（章）	税务机关（盖章）填票人（章）		上列款项已收妥，并划转收款单位账户（国库）银行盖章 2010 年 12 月 9 日	备注	

凭证 8—③

中华人民共和国税收通用缴款书

隶属关系：

经济类型：有限公司　　　　　填发日期 2010 年 12 月 9 日　　　　　征税机关：和平区国税局

缴款单位（人）	代码		预算科目	编码	略
	全称	辽宁陆通有限公司		名称	略
	开户银行	农行方型广场分理处		级次	略
	账号	801025886		收缴国库	略
税款所属时期：2010 - 11 - 01 ~ 2010 - 11 - 30			税款限缴时间：2010 - 12 - 10		
税种/税目	计税金额		税率	税额	
城市维护建设税	8 400		7%	588	
教育费附加	8 400		3%	252	
金额合计（大写）	人民币捌佰肆拾元整				
缴款单位（人）（盖章）经办人（章）	税务机关（盖章）填票人（章）		上列款项已收妥，并划转收款单位账户（国库）银行盖章 2010 年 12 月 9 日	备注	

凭证8—④

中国工商银行转账支票存根

支票号码：
科　　目：
对方科目：
出票日期　2010 年 12 月 9 日

| 收款人：和平区国税局 |
| 金额：¥ 25 740.00 |
| 用途：缴纳税款 |

单位主管　　　　会计

凭证9—①

借款单

2010 年 12 月 10 日

借款人	黎明	部门	采购部	职务	业务员
借款事由（用途）	到大连洽谈业务预借差旅费				
现金借款金额	（大写）贰仟元整				¥ 2 000.00
借用转账支票		张		号码	
部门主管意见	同意				
领导审批					

财务主管：　　　　会计：　　　　出纳：　　　　借款人：何平

凭证10—①

辽宁省增值税专用发票

开票日期：　　　　2010 年 12 月 12 日　　　　No. 03244343

购货单位	名称	沈阳市渤海公司	纳税人登记号	397894258970601	密码区
	地址电话	皇姑区长江路2号 024—86172991	开户银行及账号	农行长江支行 405388887	

货物或应税劳务名称	计量单位	数量	单价	金额 百十万千百十元角分	税率%	税额 百十万千百十元角分
A产品	件	200	500	1 0 0 0 0 0 0 0	17	1 7 0 0 0 0 0 0
合计				¥ 1 0 0 0 0 0 0 0		¥ 1 7 0 0 0 0 0 0

价税合计（大写）壹拾壹万柒仟元整　　　　　　　　¥ 117 000.00

销售单位	名称	辽宁陆通有限公司	纳税人登记号	1123867388737670
	地址电话	沈阳市和平区十四纬路1号 024—23863516	开户银行及账号	农行方型广场分理处 801025886
备注				

收款人：　　　　　　　　开票单位（未盖章无效）

凭证10—②

中国工商银行进账单（回单）
2010年12月12日

付款人	全称	沈阳市渤海公司	收款人	全称	辽宁陆通有限公司账号									
	账号	405388887		账号	801025886									
	开户银行	农行长江支行		开户银行	农行方型广场分理处									
人民币（大写）	壹拾壹万柒仟元整					千	百	十	万	千	百	十	元	角	分
							¥	1	1	7	0	0	0	0	0
票据种类	转账支票			收款人开户银行盖章										
票据张数	1													
单位主管　　会计　　复核　　记账														

凭证10—③

出库单

发货仓库：成品库
提货单位：沈阳市渤海公司　　　　　　　　　　　　　　　　　　　　　2010年12月12日

名称	规格	单位	数量	单位成本	总成本	备注
A产品		件	200	200	40 000.00	

凭证11—①

差旅费报销单
2010年12月13日

姓名		黎明			出差事由：联系业务		审批意见		同意			
起止时间及地址						车费	住宿费		伙食补助		交通补助		其他
月	日	起点	月	日	终点	金额	天数	金额	天数	金额	天数	金额	
12	10	沈阳	12	20	大连	160	3	600	4	200	4	120	
12	13	大连	5	9	沈阳	160							
		小计				¥320		¥600		¥200		¥120	
人民币（大写）壹仟贰佰肆拾元整							预支2 000.00 报销1 240.00 结余（超支）760.00						
主管　　　会计　　　出纳　　　审核　　　附单据　张　　　出差人　黎明													

凭证 11—②

收款收据

2010 年 12 月 13 日

今收到　黎明　交来

退回预借多余款

金额　人民币（大写）柒佰陆拾元整　　　　　　　　　　　　　　　　　￥760.00

主管　　　　　　　　　　　　　　会计　　　　　　　　　　　　　　出纳

凭证 12—①

中国工商银行电汇凭证（回单）

委托日期 2010 年 12 月 15 日

	全称	辽宁陆通有限公司		全称	中山市光明公司
汇款人	账号或地址	801025886 沈阳市和平区十四纬路1号	收款人	账号或地址	2364813578 黄埔区解放路6号
	汇出地点	沈阳市	汇出行名称	农行方型广场分理处	汇入地点	中山市	汇入行名称	工行中山支行

金额　人民币（大写）贰万叁仟壹佰元整　　　￥ 2 3 1 0 0 0 0

汇款用途：偿付前欠货款

单位主管　会计　复核　记账　　　　汇出行盖章　2010 年 12 月 15 日

凭证 13—①

滨海市增值税专用发票

开票日期：　2010 年 12 月 16 日　　　　　　　　　　No. 03244344

购货单位	名称	辽宁陆通有限公司	纳税人登记号	1123867388737670	密码区
	地址电话	沈阳市和平区十四纬路1号	开户银行及账号	农行方型广场分理处 801025886	

货物或应税劳务名称	计量单位	数量	单价	金额	税率%	税额
甲材料	kg	1 000	11.5	1 1 5 0 0 0 0	17	1 9 5 5 0 0
合计				￥ 1 1 5 0 0 0 0		￥ 1 9 5 5 0 0

价税合计（大写）壹万叁仟肆佰伍拾伍元整　　　　　￥ 13 455.00

销售单位	名称	沈阳市永道公司	纳税人登记号	139988186768617
	地址电话	皇姑区黄河路4号	开户银行及账号	工行泰山支行 705123123
备注				

收款人：　　　　　　　　开票单位（未盖章无效）

第二联：记账联　　购货方记账

凭证13—②转账支票存根

```
中国工商银行转账支票存根
支票号码：
科    目：
对方科目：
出票日期  2010 年 12 月 16 日
┌─────────────────────────────┐
│ 收款人：沈阳市永道公司       │
│ 金额：￥13 455.00            │
│ 用途：支付购甲材料款         │
└─────────────────────────────┘
    单位主管        会计
```

凭证13—③

公路货运收费发票
2010 年 12 月 16 日

托运单位	沈阳市永道公司	受理单位	健马运输公司	受理编号	号
装运地点	皇姑区黄河路4号	承运单位	一队	运输合同	号
卸货地点	和平区十四纬路1号	计量办法		计费里程	（公里）

货物名称	件数	规格	托运重量	运费						
				万	千	百	十	元	角	分
丙材料						5	0	0	0	0
合计（大写）伍佰元整				合计	￥	5	0	0	0	0

凭证13—④

收料单

材料类别：　　　　　　　　2010 年 12 月 16 日　　　　　　　　编号：

材料编号	材料名称	规格	单位	数量		实际成本			
				发货票	实收	买价	运杂费	其他	合计
	甲材料			1 000	1 000	11 500	500		12 000
	合计									￥ 12 000
供货单位	沈阳市永道公司		结算方法	转账支票		合同号			
备注										

三联账

凭证14—①

滨海市增值税专用发票

开票日期： 2010 年 12 月 18 日　　　　　　　　　　　　　　　　No. 03244347

购货单位	名称	辽宁陆通有限公司	纳税人登记号	1123867388737670	密码区
	地址电话	沈阳市和平区十四纬路1号	开户银行及账号	农行方型广场分理处 801025886	

货物或应税劳务名称	计量单位	数量	单价	金额 百十万千百十元角分	税率%	税额 百十万千百十元角分
金杯中客	辆	1	100 000	1 0 0 0 0 0 0 0	17	1 7 0 0 0 0 0
合计				¥ 1 0 0 0 0 0 0 0		¥ 1 7 0 0 0 0 0

价税合计（大写） 壹拾壹万柒仟元整　　　　　　　　　　　¥ 117 000.00

销售单位	名称	沈阳市汽贸中心	纳税人登记号	212285038130957
	地址电话	沈河区惠工路3号 024—23456789	开户银行及账号	农行惠工支行 478315642

备注

收款人：　　　　　　　　　　开票单位（未盖章无效）

第二联：记账联　销售方记账

凭证14—②

```
中国工商银行转账支票存根
支票号码：
科    目：
对方科目：
出票日期  2010 年 12 月 18 日
┌─────────────────────┐
│ 收款人：沈阳市汽贸中心      │
│ 金额：¥ 11 700.00          │
│ 用途：支付购车款            │
└─────────────────────┘
单位主管       会计
```

凭证 14—③

固定资产验收交接单

2010 年 12 月 18 日

资产编号	资产名称	型号、规格或结构面积	计量单位	数量	设备价值或工程造价	设备安装费用	附加费用	合计	
	金杯中客		辆	1	117 000			￥117 000	本单送财会部门
资产来源	购入		耐用年限		10	主要附属设备			
制造厂名			估计残值		1 000				
制造日期及编号			折旧率		3%				
工程项目或使用部门			复杂系数						

凭证 15—①

领 料 单

领料部门：生产车间　　　　　　　　2010 年 12 月 19 日　　　　　　　　单位：元

材料编号	材料名称	材料类别	规格	单位	请领数量	实发数量	实际成本 单价	实际成本 金额
	乙材料			公斤	200	200	18	3 600
	合计							￥3 600
用途	一般消耗		领料部门 负责人		领料部门 领料人		发料部门 核准人	发料部门 发料人

凭证 15—②

领 料 单

领料部门：管理部门　　　　　　　　2010 年 12 月 19 日　　　　　　　　单位：元

材料编号	材料名称	材料类别	规格	单位	请领数量	实发数量	实际成本 单价	实际成本 金额
	丙材料			公斤	60	60	10	600
	合计							￥600
用途	日常设备维修		领料部门 负责人		领料部门 领料人		发料部门 核准人	发料部门 发料人

凭证16—①

```
            中国工商银行转账支票存根
      支票号码：
      科    目：
      对方科目：
      出票日期  2010 年 12 月 20 日
      ┌─────────────────────────────┐
      │ 收款人：本单位                │
      │ 金额：￥105 600.00            │
      │ 用途：备发工资                │
      └─────────────────────────────┘
         单位主管         会计
         复  核           记账
```

凭证17—①

辽宁陆通有限公司
工资结算汇总表

2010 - 12 - 20

部门		应付工资					代扣款项					实发金额
		基本工资	岗位工资	技术津贴	奖金	合计	公积金	养老保险	医疗保险	个人所得税	小计	
生产车间	A产品工人	35 000	6 400	3 600	5 000	50 000	950	250	450	350	2 000	48 000
	B产品工人	30 000	5 000	2 000	3 000	40 000	750	150	225	240	1 365	38 635
车间管理部门		5 400	2 000	600		8 000	160	45	120	50	375	7 625
企业管理部门		9 600	2 400			12 000	310	90	170	90	660	11 340
合计		80 000	15 800	6 200	8 000	110 000	2 170	535	965	730	4 400	105 600

凭证18—①

中国工商银行转账支票存根
支票号码：
科　　目：
对方科目：
出票日期　2010年12月20日

收款人：沈阳市电视台
金额：¥ 4 000.00
用途：支付广告费

单位主管　　　会计

凭证18—②

沈阳市广告业统一发票

客户名称：辽宁陆通有限公司　　　2010年12月20日

品名及规格	单位	数量	单价	金额						
				万	千	百	十	元	角	分
广告费	个	1	4 000	4	0	0	0	0	0	0

金额（大写）肆仟元整　　　　　　　　　　　　　　　　　¥ 4 000.00

企业盖章：沈阳市电视台

凭证19—①

托收承付凭证（回单）

委托日期 2010年12月31日

付款人	全称	大连泰安公司	收款人	全称	辽宁陆通有限公司								
	账号或地址	中山区人民路8号8—7001123		账号或地址	沈阳市和平区十四纬路1号 801025886								
	开户银行	工行新开支行		开户银行	农行方型广场分理处								
托收金额	人民币（大写）柒万伍仟捌佰捌拾元整				千	百	十	万	千	百	十	元	角	分
								¥7	5	8	8	0	0	0
附寄单证张数			商品发运情况					合同号码					
3			铁路发运					略					
备注			款项收妥日期 　　年　月　日					收款人开户银行盖章 2010年12月21日					

凭证19—②

辽宁省增值税专用发票

开票日期： 2010年12月21日　　　　　　　　　　　　　　　　No. 03244343

购货单位	名称	大连泰安公司	纳税人登记号	211000333444652	密码区
	地址电话	中山区人民路8号	开户银行及账号	工行新开支行8—7001123	

货物或应税劳务名称	计量单位	数量	单价	金额 百十万千百十元角分	税率%	税额 百十万千百十元角分
B产品	件	160	400	6 4 0 0 0 0 0	17	1 0 8 8 0 0 0
合计				¥ 6 4 0 0 0 0 0		¥ 1 0 8 8 0 0 0

价税合计（大写）柒万肆仟捌佰捌拾元整　　　　　　　　　¥74 880.00

销售单位	名称	辽宁陆通有限公司	纳税人登记号	1123867388737670
	地址电话	沈阳市和平区十四纬路1号	开户银行及账号	农行方型广场分理处 801025886
备注				

收款人：　　　　　　　　　　开票单位（未盖章无效）

第四联：记账联　销售方记账

凭证19—③

铁路货运收费发票

2010年12月21日

托运单位	辽宁陆通有限公司	受理单位	铁路货运公司	受理编号	号
装运地点	沈阳	承运单位	一队	运输合同	号
卸货地点	大连	计量办法		计费里程	（公里）

货物名称	件数	规格	托运重量	运费 万 千 百 十 元 角 分
B产品				1 0 0 0 0 0
合计（大写）壹仟元整			合计	¥ 1 0 0 0 0 0

凭证19—④

```
        中国工商银行转账支票存根
    支票号码：
    科    目：
    对方科目：
    出票日期  2010 年 12 月 31 日
    ┌─────────────────────────┐
    │ 收款人：铁路货运公司           │
    │ 金额：￥1 000.00              │
    │ 用途：代垫运费                 │
    └─────────────────────────┘
    单位主管            会计
```

凭证19—⑤

出库单

发货仓库：成品库
购货单位：大连泰安公司   2010 年 12 月 21 日

名称	规格	单位	数量	单位成本	总成本	备注
B 产品		件	160	180	28 800.00	

凭证20—①

托收承付凭证（收账通知）

委托日期 2010 年 12 月 21 日

付款人	全称	大连泰安公司	收款人	全称	辽宁陆通有限公司
	账号或地址	中山区人民路 8 号 8—7001123		账号或地址	沈阳市和平区十四纬路 1 号 801025886
	开户银行	工行新开支行		开户银行	农行方型广场分理处

托收金额	人民币（大写）柒万伍仟捌佰捌拾元整	千	百	十	万	千	百	十	元	角	分
					￥7	5	8	8	0	0	0

附寄单证张数	商品发运情况	合同号码
3	已发运	425

| 备注 | 上列款项已全部划入你方账户 | 款项收妥日期 2010 年 12 月 26 日 |

凭证 21—①

工资费用分配表

2010 年 12 月 31 日

车间及部门 应借账户	生产车间 A 产品工人	生产车间 B 产品工人	车间管理部门	厂部管理部门	合计
生产成本	50 000	40 000			90 000
制造费用			8 000		8 000
管理费用				12 000	12 000
合计	50 000	40 000	8 000	12 000	110 000

凭证 22—①

福利费用计算表

2010 年 12 月 31 日

车间及部门		工资总额	计提比例	计提金额
生产车间	A 产品工人	50 000	14%	7 000
生产车间	B 产品工人	40 000	14%	5 600
车间管理部门		8 000	14%	1 120
厂部管理部门		12 000	14%	1 680
合计		110 000	14%	15 400

凭证 23—①

水电费分配表

2010 年 12 月 31 日

用水用电部门	成本或费用项目 水费 用量（吨）	水费 单价	水费 金额	电费 用量（度）	电费 单价	电费 金额	合计
生产车间	490	2.00	980	4 000	0.8	3 200	4 180
管理部门	144	2.00	288	500	0.8	400	688
应付单位	市水利局		¥ 1 268	市供电局		¥ 3 600	

凭证 24—①

固定资产折旧计算表

2010 年 12 月 31 日

使用部门	固定资产类别	月初计提固定资产原值	月折旧率	月折旧额
生产车间	机器设备			
	房屋及建筑物			
	小计	400 000	0.5%	2 000
管理部门	办公设备			
	运输设备			
	房屋及建筑物			
	小计	200 000	0.5%	1 000
合计		600 000	0.5%	3 000

凭证 25—①

短期借款预提利息费用表

2010 年 12 月 31 日

借款种类	借款金额	借款利率	已预提利息	本月预提利息
短期借款	200 000	6%	0	1 000
备注	本借款自本年 11 月 30 日借入,期限 6 个月,利息按月预提,按季支付			

凭证 26—①

制造费用分配表

2010 年 12 月 31 日

金额\项目	生产工人工资	分配率	分配金额
A 产品	50 000		10 500
B 产品	40 000		8 400
合计		0.21	18 900

凭证27—①

完工产品成本计算表

2010 年 12 月 31 日

成本项目 \ 产品名称	A 产品（500 件）总成本	A 产品（500 件）单位成本	B 产品（400 件）总成本	B 产品（400 件）单位成本	总成本合计
直接材料	40 800		21 000		
直接人工	57 000		45 600		
制造费用	10 500		8 400		
合计	108 300	216.6	75 000	187.5	183 300

凭证27—②

产品入库单

交库部门：　　　　　　　　　　2010 年 12 月 31 日　　　　　　　　　　编号：

编号	名称及规格	单位	数量	单价	金额 百	十	万	千	百	十	元	角	分	备注
	A 产品	件	500	216.6		1	0	8	3	0	0	0	0	
	B 产品	件	400	187.5			7	5	0	0	0	0	0	
	合计				¥	1	8	3	3	0	0	0	0	

验收：　　　　　　　　交库部门主管：　　　　　　　　交库：

凭证28—①

产品销售成本计算表

2010 年 12 月 31 日

产品名称	单位	月初结存 数量	月初结存 总成本	本期入库 数量	本期入库 总成本	本期销售 数量	本期销售 总成本
A 产品	件	200	40 000	500	108 300	200	40 000
B 产品	件	160	28 800	400	75 000	160	28 800
合计		360	800	90	183 300	360	68 800
备注	对发出商品采用先进先出法计价

凭证 29—①

城市维护建设税及教育费附加计算表
2010 年 12 月 31 日

序号	编制单位	辽宁陆通有限公司
1	本月销项税额	27 880
2	本月进项税额	8 619
3	本月应缴增值税	19 261
4	本月应缴营业税	
5	本月应缴消费税	
6	计税依据（3＋4＋5）	19 261
7	本月应缴城市维护建设税（7%）	1 348.27
8	本月应缴教育费附加（3%）	577.83
9	合计	1 926.1

凭证 31—①

本月应缴所得税计算表
2010 年 12 月 31 日

单位	辽宁陆通有限公司	
项目	金额	备注
利润总额	68 565.9	
调整项目		
①		
②		
③		
应纳税所得额	68 565.9	
所得税率	25%	
应缴所得税	17 141.18	

凭证 33—①

盈余公积计提计算表
2010 年 12 月 31 日

全年税后利润	法定盈余公积（10%）	任意盈余公积	合计
232 264.42	23 226.44		23 226.44

凭证 33—②

分红决议

经董事会决议，本年向投资者分配利润 100 000 元。

辽宁陆通有限公司
2010 年 12 月 31 日

凭证 33—③

利润分配明细表
2010 年 12 月 31 日

本年分配金额	100 000	
利润分配明细项目	分配比例	金额
铁铃市顺风制造厂	75%	75 000
沈阳市达利制造厂	25%	25 000
合计		100 000

收款记账凭证

凭证编号：　　　出纳编号：
年　月　日
借方科目：

摘要	结算方式	票号	贷方科目		金额	记账符号
			总账科目	明细科目	千百十万千百十元角分	

会计主管人员：　　记账：　　稽核：　　制单：　　出纳：　　交领款人：

收款记账凭证

凭证编号：　　　　出纳编号：
年　月　日　　　　借方科目：

摘要	结算方式	票号	贷方科目		金额									记账符号
			总账科目	明细科目	千	百	十	万	千	百	十	元	角	分	

会计主管人员：　　　记账：　　　稽核：　　　制单：　　　出纳：　　　交领款人：

收款记账凭证

凭证编号：　　　　出纳编号：
年　月　日　　　　借方科目：

摘要	结算方式	票号	贷方科目		金额									记账符号
			总账科目	明细科目	千	百	十	万	千	百	十	元	角	分	

会计主管人员：　　　记账：　　　稽核：　　　制单：　　　出纳：　　　交领款人：

收款记账凭证

凭证编号：　　　　出纳编号：
年　月　日　　　　借方科目：

摘要	结算方式	票号	贷方科目		金额									记账符号
			总账科目	明细科目	千	百	十	万	千	百	十	元	角	分	

会计主管人员：　　　记账：　　　稽核：　　　制单：　　　出纳：　　　交领款人：

付款记账凭证

凭证编号：　　　出纳编号：

年　月　日　　　借方科目：

摘要	结算方式	票号	贷方科目		金额										记账符号
			总账科目	明细科目	千	百	十	万	千	百	十	元	角	分	

会计主管人员：　　记账：　　稽核：　　制单：　　出纳：　　交领款人：

付款记账凭证

凭证编号：　　　出纳编号：

年　月　日　　　贷方科目：

摘要	结算方式	票号	借方科目		金额										记账符号
			总账科目	明细科目	千	百	十	万	千	百	十	元	角	分	
附单据 张			合计												

会计主管人员：　　记账：　　稽核：　　制单：　　出纳：　　交领款人：

付款记账凭证

凭证编号：　　　出纳编号：

年　月　日　　　贷方科目：

摘要	结算方式	票号	借方科目		金额										记账符号
			总账科目	明细科目	千	百	十	万	千	百	十	元	角	分	
附单据 张			合计												

会计主管人员：　　记账：　　稽核：　　制单：　　出纳：　　交领款人：

付款记账凭证

凭证编号：　　　出纳编号：
年　月　日　　　　　　　贷方科目：

摘要	结算方式	票号	借方科目		金额										记账符号
			总账科目	明细科目	千	百	十	万	千	百	十	元	角	分	
附单据　　张				合计										

会计主管人员：　　　记账：　　　稽核：　　　制单：　　　出纳：　　　交领款人：

付款记账凭证

凭证编号：　　　出纳编号：
年　月　日　　　　　　　贷方科目：

摘要	结算方式	票号	借方科目		金额										记账符号
			总账科目	明细科目	千	百	十	万	千	百	十	元	角	分	
附单据　　张				合计										

会计主管人员：　　　记账：　　　稽核：　　　制单：　　　出纳：　　　交领款人：

付款记账凭证

凭证编号：　　　出纳编号：
年　月　日　　　　　　　贷方科目：

摘要	结算方式	票号	借方科目		金额										记账符号
			总账科目	明细科目	千	百	十	万	千	百	十	元	角	分	
附单据　　张				合计										

会计主管人员：　　　记账：　　　稽核：　　　制单：　　　出纳：　　　交领款人：

付款记账凭证

凭证编号：　　　　出纳编号：

年　月　日　　　　贷方科目：

摘要	结算方式	票号	借方科目		金额										记账符号
			总账科目	明细科目	千	百	十	万	千	百	十	元	角	分	
附单据　　张			合计												

会计主管人员：　　记账：　　稽核：　　制单：　　出纳：　　交领款人：

付款记账凭证

凭证编号：　　　　出纳编号：

年　月　日　　　　贷方科目：

摘要	结算方式	票号	借方科目		金额										记账符号
			总账科目	明细科目	千	百	十	万	千	百	十	元	角	分	
附单据　　张			合计												

会计主管人员：　　记账：　　稽核：　　制单：　　出纳：　　交领款人：

付款记账凭证

凭证编号：　　　　出纳编号：

年　月　日　　　　贷方科目：

摘要	结算方式	票号	借方科目		金额										记账符号
			总账科目	明细科目	千	百	十	万	千	百	十	元	角	分	
附单据　　张			合计												

会计主管人员：　　记账：　　稽核：　　制单：　　出纳：　　交领款人：

付款记账凭证

凭证编号：　　　　出纳编号：

年　月　日　　　　　贷方科目：

摘要	结算方式	票号	借方科目		金额										记账符号
			总账科目	明细科目	千	百	十	万	千	百	十	元	角	分	
附单据　　张			合计												

会计主管人员：　　　记账：　　　稽核：　　　制单：　　　出纳：　　　交领款人：

付款记账凭证

凭证编号：　　　　出纳编号：

年　月　日　　　　　贷方科目：

摘要	结算方式	票号	借方科目		金额										记账符号
			总账科目	明细科目	千	百	十	万	千	百	十	元	角	分	
附单据　　张			合计												

会计主管人员：　　　记账：　　　稽核：　　　制单：　　　出纳：　　　交领款人：

付款记账凭证

凭证编号：　　　　出纳编号：

年　月　日　　　　　贷方科目：

摘要	结算方式	票号	借方科目		金额										记账符号
			总账科目	明细科目	千	百	十	万	千	百	十	元	角	分	
附单据　　张			合计												

会计主管人员：　　　记账：　　　稽核：　　　制单：　　　出纳：　　　交领款人：

付款记账凭证

凭证编号：　　　　出纳编号：

年　月　日　　　　贷方科目：

摘要	结算方式	票号	借方科目		金额										记账符号
			总账科目	明细科目	千	百	十	万	千	百	十	元	角	分	
附单据　　张			合计												

会计主管人员：　　　　记账：　　　　稽核：　　　　制单：　　　　出纳：　　　　交领款人：

付款记账凭证

凭证编号：　　　　出纳编号：

年　月　日　　　　贷方科目：

摘要	结算方式	票号	借方科目		金额										记账符号
			总账科目	明细科目	千	百	十	万	千	百	十	元	角	分	
附单据　　张			合计												

会计主管人员：　　　　记账：　　　　稽核：　　　　制单：　　　　出纳：　　　　交领款人：

付款记账凭证

凭证编号：　　　　出纳编号：

年　月　日　　　　贷方科目：

摘要	结算方式	票号	借方科目		金额										记账符号
			总账科目	明细科目	千	百	十	万	千	百	十	元	角	分	
附单据　　张			合计												

会计主管人员：　　　　记账：　　　　稽核：　　　　制单：　　　　出纳：　　　　交领款人：

转账记账凭证

年　月　日　　　　　　　　凭证编号：

摘要	借方科目		贷方科目		金额										记账符号
	总账科目	明细科目	总账科目	明细科目	千	百	十	万	千	百	十	元	角	分	
附单据　张			合计												

会计主管：　　　　　记账：　　　　　审核：　　　　　制单：

转账记账凭证

年　月　日　　　　　　　　凭证编号：

摘要	借方科目		贷方科目		金额										记账符号
	总账科目	明细科目	总账科目	明细科目	千	百	十	万	千	百	十	元	角	分	
附单据　张			合计												

会计主管：　　　　　记账：　　　　　审核：　　　　　制单：

转账记账凭证

年　月　日　　　　　　　　凭证编号：

摘要	借方科目		贷方科目		金额										记账符号
	总账科目	明细科目	总账科目	明细科目	千	百	十	万	千	百	十	元	角	分	
附单据　张			合计												

会计主管：　　　　　记账：　　　　　审核：　　　　　制单：

综合实训一

转账记账凭证

年 月 日　　　　　　　　　　　凭证编号：

摘要	借方科目		贷方科目		金额										记账符号
	总账科目	明细科目	总账科目	明细科目	千	百	十	万	千	百	十	元	角	分	
附单据　张			合计												

会计主管：　　　　　记账：　　　　　审核：　　　　　制单：

转账记账凭证

年 月 日　　　　　　　　　　　凭证编号：

摘要	借方科目		贷方科目		金额										记账符号
	总账科目	明细科目	总账科目	明细科目	千	百	十	万	千	百	十	元	角	分	
附单据　张			合计												

会计主管：　　　　　记账：　　　　　审核：　　　　　制单：

转账记账凭证

年 月 日　　　　　　　　　　　凭证编号：

摘要	借方科目		贷方科目		金额										记账符号
	总账科目	明细科目	总账科目	明细科目	千	百	十	万	千	百	十	元	角	分	
附单据　张			合计												

会计主管：　　　　　记账：　　　　　审核：　　　　　制单：

转账记账凭证

年　月　日　　　　　　　　　　　　　　凭证编号：

摘要	借方科目		贷方科目		金额										记账符号
	总账科目	明细科目	总账科目	明细科目	千	百	十	万	千	百	十	元	角	分	
附单据　张	合计														

会计主管：　　　　　　记账：　　　　　　审核：　　　　　　制单：

转账记账凭证

年　月　日　　　　　　　　　　　　　　凭证编号：

摘要	借方科目		贷方科目		金额										记账符号
	总账科目	明细科目	总账科目	明细科目	千	百	十	万	千	百	十	元	角	分	
附单据　张	合计														

会计主管：　　　　　　记账：　　　　　　审核：　　　　　　制单：

转账记账凭证

年　月　日　　　　　　　　　　　　　　凭证编号：

摘要	借方科目		贷方科目		金额										记账符号
	总账科目	明细科目	总账科目	明细科目	千	百	十	万	千	百	十	元	角	分	
附单据　张	合计														

会计主管：　　　　　　记账：　　　　　　审核：　　　　　　制单：

转账记账凭证

年 月 日　　　　　　　　凭证编号：

摘要	借方科目		贷方科目		金额									记账符号
	总账科目	明细科目	总账科目	明细科目	千	百	十	万	千	百	十	元	角	分	
附单据　张	合计														

会计主管：　　　　　记账：　　　　　审核：　　　　　制单：

转账记账凭证

年 月 日　　　　　　　　凭证编号：

摘要	借方科目		贷方科目		金额									记账符号
	总账科目	明细科目	总账科目	明细科目	千	百	十	万	千	百	十	元	角	分	
附单据　张	合计														

会计主管：　　　　　记账：　　　　　审核：　　　　　制单：

转账记账凭证

年 月 日　　　　　　　　凭证编号：

摘要	借方科目		贷方科目		金额									记账符号
	总账科目	明细科目	总账科目	明细科目	千	百	十	万	千	百	十	元	角	分	
附单据　张	合计														

会计主管：　　　　　记账：　　　　　审核：　　　　　制单：

转账记账凭证

年　月　日　　　　　　　　凭证编号：

摘要	借方科目		贷方科目		金额										记账符号
	总账科目	明细科目	总账科目	明细科目	千	百	十	万	千	百	十	元	角	分	
附单据　张	合计														

会计主管：　　　　　　记账：　　　　　　审核：　　　　　　制单：

转账记账凭证

年　月　日　　　　　　　　凭证编号：

摘要	借方科目		贷方科目		金额										记账符号
	总账科目	明细科目	总账科目	明细科目	千	百	十	万	千	百	十	元	角	分	
附单据　张	合计														

会计主管：　　　　　　记账：　　　　　　审核：　　　　　　制单：

转账记账凭证

年　月　日　　　　　　　　凭证编号：

摘要	借方科目		贷方科目		金额										记账符号
	总账科目	明细科目	总账科目	明细科目	千	百	十	万	千	百	十	元	角	分	
附单据　张	合计														

会计主管：　　　　　　记账：　　　　　　审核：　　　　　　制单：

转账记账凭证

年 月 日　　　　　　　凭证编号：

摘要	借方科目		贷方科目		金额										记账符号
	总账科目	明细科目	总账科目	明细科目	千	百	十	万	千	百	十	元	角	分	
附单据　张			合计												

会计主管：　　　　　　记账：　　　　　　审核：　　　　　　制单：

转账记账凭证

年 月 日　　　　　　　凭证编号：

摘要	借方科目		贷方科目		金额										记账符号
	总账科目	明细科目	总账科目	明细科目	千	百	十	万	千	百	十	元	角	分	
附单据　张			合计												

会计主管：　　　　　　记账：　　　　　　审核：　　　　　　制单：

转账记账凭证

年 月 日　　　　　　　凭证编号：

摘要	借方科目		贷方科目		金额										记账符号
	总账科目	明细科目	总账科目	明细科目	千	百	十	万	千	百	十	元	角	分	
附单据　张			合计												

会计主管：　　　　　　记账：　　　　　　审核：　　　　　　制单：

转账记账凭证

年　月　日　　　　　　　　凭证编号：

摘要	借方科目		贷方科目		金额										记账符号
	总账科目	明细科目	总账科目	明细科目	千	百	十	万	千	百	十	元	角	分	
附单据　　张	合计														

会计主管：　　　　　记账：　　　　　审核：　　　　　制单：

转账记账凭证

年　月　日　　　　　　　　凭证编号：

摘要	借方科目		贷方科目		金额										记账符号
	总账科目	明细科目	总账科目	明细科目	千	百	十	万	千	百	十	元	角	分	
附单据　　张	合计														

会计主管：　　　　　记账：　　　　　审核：　　　　　制单：

转账记账凭证

年　月　日　　　　　　　　凭证编号：

摘要	借方科目		贷方科目		金额										记账符号
	总账科目	明细科目	总账科目	明细科目	千	百	十	万	千	百	十	元	角	分	
附单据　　张	合计														

会计主管：　　　　　记账：　　　　　审核：　　　　　制单：

转账记账凭证

年 月 日　　　　　　　　　凭证编号：

摘要	借方科目		贷方科目		金额										记账符号
	总账科目	明细科目	总账科目	明细科目	千	百	十	万	千	百	十	元	角	分	
附单据　张	合计														

会计主管：　　　　　记账：　　　　　审核：　　　　　制单：

转账记账凭证

年 月 日　　　　　　　　　凭证编号：

摘要	借方科目		贷方科目		金额										记账符号
	总账科目	明细科目	总账科目	明细科目	千	百	十	万	千	百	十	元	角	分	
附单据　张	合计														

会计主管：　　　　　记账：　　　　　审核：　　　　　制单：

转账记账凭证

年 月 日　　　　　　　　　凭证编号：

摘要	借方科目		贷方科目		金额										记账符号
	总账科目	明细科目	总账科目	明细科目	千	百	十	万	千	百	十	元	角	分	
附单据　张	合计														

会计主管：　　　　　记账：　　　　　审核：　　　　　制单：

转账记账凭证

年　月　日　　　　　　　　　凭证编号：

摘要	借方科目		贷方科目		金额										记账符号
	总账科目	明细科目	总账科目	明细科目	千	百	十	万	千	百	十	元	角	分	
附单据　张			合计												

会计主管：　　　　　记账：　　　　　审核：　　　　　制单：

转账记账凭证

年　月　日　　　　　　　　　凭证编号：

摘要	借方科目		贷方科目		金额										记账符号
	总账科目	明细科目	总账科目	明细科目	千	百	十	万	千	百	十	元	角	分	
附单据　张			合计												

会计主管：　　　　　记账：　　　　　审核：　　　　　制单：

转账记账凭证

年　月　日　　　　　　　　　凭证编号：

摘要	借方科目		贷方科目		金额										记账符号
	总账科目	明细科目	总账科目	明细科目	千	百	十	万	千	百	十	元	角	分	
附单据　张			合计												

会计主管：　　　　　记账：　　　　　审核：　　　　　制单：

转账记账凭证

年　月　日　　　　　　　　　　　　　凭证编号：

摘要	借方科目		贷方科目		金额										记账符号
	总账科目	明细科目	总账科目	明细科目	千	百	十	万	千	百	十	元	角	分	
附单据　张			合计												

会计主管：　　　　　　记账：　　　　　　审核：　　　　　　制单：

科目汇总表

年　月　日　　　字第　号

借方											会计科目	贷方										
亿	千	百	十	万	千	百	十	元	角	分		亿	千	百	十	万	千	百	十	元	角	分

总　　账

会计科目：

年		凭证号	摘要	借方 亿千百十万千百十元角分	贷方 亿千百十万千百十元角分	借或贷	余额 亿千百十万千百十元角分
月	日						

总　　账

会计科目：

年		凭证号	摘要	借方 亿千百十万千百十元角分	贷方 亿千百十万千百十元角分	借或贷	余额 亿千百十万千百十元角分
月	日						

总　　账

会计科目：

年		凭证号	摘要	借方 亿千百十万千百十元角分	贷方 亿千百十万千百十元角分	借或贷	余额 亿千百十万千百十元角分
月	日						

总　账

会计科目：

年		凭证号	摘要	借方	贷方	借或贷	余额
月	日			亿千百十万千百十元角分	亿千百十万千百十元角分		亿千百十万千百十元角分

总　账

会计科目：

年		凭证号	摘要	借方	贷方	借或贷	余额
月	日			亿千百十万千百十元角分	亿千百十万千百十元角分		亿千百十万千百十元角分

总　账

会计科目：

年		凭证号	摘要	借方	贷方	借或贷	余额
月	日			亿千百十万千百十元角分	亿千百十万千百十元角分		亿千百十万千百十元角分

总　　账

会计科目：

年		凭证号	摘要	借方 亿千百十万千百十元角分	贷方 亿千百十万千百十元角分	借或贷	余额 亿千百十万千百十元角分
月	日						

总　　账

会计科目：

年		凭证号	摘要	借方 亿千百十万千百十元角分	贷方 亿千百十万千百十元角分	借或贷	余额 亿千百十万千百十元角分
月	日						

总　　账

会计科目：

年		凭证号	摘要	借方 亿千百十万千百十元角分	贷方 亿千百十万千百十元角分	借或贷	余额 亿千百十万千百十元角分
月	日						

总　　账

会计科目：

年 月 日	凭证号	摘要	借方 亿千百十万千百十元角分	贷方 亿千百十万千百十元角分	借或贷	余额 亿千百十万千百十元角分

总　　账

会计科目：

年 月 日	凭证号	摘要	借方 亿千百十万千百十元角分	贷方 亿千百十万千百十元角分	借或贷	余额 亿千百十万千百十元角分

总　　账

会计科目：

年 月 日	凭证号	摘要	借方 亿千百十万千百十元角分	贷方 亿千百十万千百十元角分	借或贷	余额 亿千百十万千百十元角分

总　账

会计科目：

年 月 日	凭证号	摘要	借方 亿千百十万千百十元角分	贷方 亿千百十万千百十元角分	借或贷	余额 亿千百十万千百十元角分

总　账

会计科目：

年 月 日	凭证号	摘要	借方 亿千百十万千百十元角分	贷方 亿千百十万千百十元角分	借或贷	余额 亿千百十万千百十元角分

总　账

会计科目：

年 月 日	凭证号	摘要	借方 亿千百十万千百十元角分	贷方 亿千百十万千百十元角分	借或贷	余额 亿千百十万千百十元角分

总 账

会计科目：

年		凭证号	摘要	借方 亿千百十万千百十元角分	贷方 亿千百十万千百十元角分	借或贷	余额 亿千百十万千百十元角分
月	日						

总 账

会计科目：

年		凭证号	摘要	借方 亿千百十万千百十元角分	贷方 亿千百十万千百十元角分	借或贷	余额 亿千百十万千百十元角分
月	日						

总 账

会计科目：

年		凭证号	摘要	借方 亿千百十万千百十元角分	贷方 亿千百十万千百十元角分	借或贷	余额 亿千百十万千百十元角分
月	日						

总　　账

会计科目：

年		凭证号	摘要	借方 亿千百十万千百十元角分	贷方 亿千百十万千百十元角分	借或贷	余额 亿千百十万千百十元角分
月	日						

总　　账

会计科目：

年		凭证号	摘要	借方 亿千百十万千百十元角分	贷方 亿千百十万千百十元角分	借或贷	余额 亿千百十万千百十元角分
月	日						

总　　账

会计科目：

年		凭证号	摘要	借方 亿千百十万千百十元角分	贷方 亿千百十万千百十元角分	借或贷	余额 亿千百十万千百十元角分
月	日						

总　　账

会计科目：

年 月 日	凭证号	摘要	借方 亿 千 百 十 万 千 百 十 元 角 分	贷方 亿 千 百 十 万 千 百 十 元 角 分	借或贷	余额 亿 千 百 十 万 千 百 十 元 角 分

总　　账

会计科目：

年 月 日	凭证号	摘要	借方 亿 千 百 十 万 千 百 十 元 角 分	贷方 亿 千 百 十 万 千 百 十 元 角 分	借或贷	余额 亿 千 百 十 万 千 百 十 元 角 分

总　　账

会计科目：

年 月 日	凭证号	摘要	借方 亿 千 百 十 万 千 百 十 元 角 分	贷方 亿 千 百 十 万 千 百 十 元 角 分	借或贷	余额 亿 千 百 十 万 千 百 十 元 角 分

总 账

会计科目：

年		凭证号	摘要	借方 亿千百十万千百十元角分	贷方 亿千百十万千百十元角分	借或贷	余额 亿千百十万千百十元角分
月	日						

总 账

会计科目：

年		凭证号	摘要	借方 亿千百十万千百十元角分	贷方 亿千百十万千百十元角分	借或贷	余额 亿千百十万千百十元角分
月	日						

总 账

会计科目：

年		凭证号	摘要	借方 亿千百十万千百十元角分	贷方 亿千百十万千百十元角分	借或贷	余额 亿千百十万千百十元角分
月	日						

总 账

会计科目：

年 月 日	凭证号	摘要	借方 亿千百十万千百十元角分	贷方 亿千百十万千百十元角分	借或贷	余额 亿千百十万千百十元角分

总 账

会计科目：

年 月 日	凭证号	摘要	借方 亿千百十万千百十元角分	贷方 亿千百十万千百十元角分	借或贷	余额 亿千百十万千百十元角分

总 账

会计科目：

年 月 日	凭证号	摘要	借方 亿千百十万千百十元角分	贷方 亿千百十万千百十元角分	借或贷	余额 亿千百十万千百十元角分

总　　账

会计科目：

年 月 日	凭证号	摘要	借方 亿千百十万千百十元角分	贷方 亿千百十万千百十元角分	借或贷	余额 亿千百十万千百十元角分

总　　账

会计科目：

年 月 日	凭证号	摘要	借方 亿千百十万千百十元角分	贷方 亿千百十万千百十元角分	借或贷	余额 亿千百十万千百十元角分

总　　账

会计科目：

年 月 日	凭证号	摘要	借方 亿千百十万千百十元角分	贷方 亿千百十万千百十元角分	借或贷	余额 亿千百十万千百十元角分

总　　账

会计科目：

年 月 日	凭证号	摘要	借方 亿千百十万千百十元角分	贷方 亿千百十万千百十元角分	借或贷	余额 亿千百十万千百十元角分

总　　账

会计科目：

年		凭证号	摘要	借方 亿千百十万千百十元角分	贷方 亿千百十万千百十元角分	借或贷	余额 亿千百十万千百十元角分
月	日						

总　　账

会计科目：

年		凭证号	摘要	借方 亿千百十万千百十元角分	贷方 亿千百十万千百十元角分	借或贷	余额 亿千百十万千百十元角分
月	日						

总 账

会计科目：

年		凭证号	摘要	借方	贷方	借或贷	余额
月	日			亿千百十万千百十元角分	亿千百十万千百十元角分		亿千百十万千百十元角分

总 账

会计科目：

年		凭证号	摘要	借方	贷方	借或贷	余额
月	日			亿千百十万千百十元角分	亿千百十万千百十元角分		亿千百十万千百十元角分

发生额及余额试算平衡表

年　月

会计科目	期初余额 借方	期初余额 贷方	本期发生额 借方	本期发生额 贷方	期末余额 借方	期末余额 贷方
库存现金						
银行存款						
应收账款						
其他应收款						
在途物资						
原材料						
生产成本						
制造费用						
库存商品						
固定资产						
累计折旧						
无形资产						
短期借款						
应付账款						
应付职工薪酬						
应缴税费						
应付股利						
应付利息						
实收资本						
盈余公积						
本年利润						
利润分配						
主营业务收入						
主营业务成本						
营业税金及附加						
管理费用						
财务费用						
销售费用						
所得税费用						
合计						

库存现金日记账

年		凭证号	摘要	借方	贷方	借或贷	余额
月	日						

银行存款日记账

年		凭证号	摘要	借方	贷方	借或贷	余额
月	日						

材料明细账   计量单位：

日期	凭证	摘要	收入			发出			结存		
			数量	单价	金额	数量	单价	金额	数量	单价	金额

材料明细账   计量单位：

日期	凭证	摘要	收入			发出			结存		
			数量	单价	金额	数量	单价	金额	数量	单价	金额

材料明细账   计量单位：

日期	凭证	摘要	收入			发出			结存		
			数量	单价	金额	数量	单价	金额	数量	单价	金额

应收账款明细账

应收北京龙华公司

年		凭证号	摘要	借方	贷方	借或贷	余额
月	日						

应收账款明细账

应收大连泰安公司

年		凭证号	摘要	借方	贷方	借或贷	余额
月	日						

生产成本明细分类账

账户名称：

年		凭证号数	摘要	借方				贷方	余额
月	日			直接材料	直接人工	制造费用	合计		

生产成本明细分类账

账户名称：

年		凭证号数	摘要	借方				贷方	余额
月	日			直接材料	直接人工	制造费用	合计		

资产负债表

编制单位：　　　　　　　　　　　　　　年　月　日　　　　　　　　　　　　　　单位：

资产	年末余额	年初余额	负债和所有者权益	年末余额	年初余额
流动资产：			流动负债：		
货币资金			短期借款		
交易性金融工具			交易性金融负债		
应收票据			应付票据		
应收账款			应付账款		
预付款项			预收款项		
应收利息			应付职工薪酬		
应收股利			应缴税费		
其他应收款			应付利息		
存货			应付股利		
一年内到期的非流动资产			其他应付款		
其他流动资产			一年内到期的非流动负债		
流动资产合计			其他流动负债		
非流动资产：			流动负债合计		
可供出售金融资产			非流动负债：		
持有至到期投资			长期借款		
长期应收款			应付债券		
长期股权投资			长期应付款		
投资性房地产			专项应付款		
固定资产			预计负债		
在建工程			递延所得税负债		
工程物资			其他非流动负债		
固定资产清理			非流动负债合计		
生产性生物资产			负债合计		
油气资产			所有者权益		
无形资产			实收资本		
开发支出			资本公积		
商誉			减：库存股		
长期待摊费用			盈余公积		
递延所得税资产			未分配利润		

续表

资　产	年末余额	年初余额	负债和所有者权益	年末余额	年初余额
其他非流动资产			所有者权益合计		
非流动资产合计					
资产总计			负债和所有者权益合计		

利润表

编制单位：　　　　　　　　　　　　　年　月　　　　　　　　　　　　　单位：

项　目	本期金额	本年累计
一、营业收入		
减：营业成本		
营业税金及附加		
销售费用		
管理费用		
财务费用		
资产减值损失		
加：公允价值变动损益（损失以"-"号填列）		
投资收益（损失以"-"号填列）		
其中：对联营企业和合营企业的投资收益		
二、营业利润（亏损以"-"号填列）		
加：营业外收入		
减：营业外支出		
其中：非流动资产处置损失		
三、利润总额（亏损总额以"-"号填列）		
减：所得税费用		
四、净利润（净亏损以"-"号填列）		
五、每股收益：		
（一）基本每股收益		
（二）稀释每股收益		

综合实训二

一、实训目的

学生通过填制原始凭证、编制记账凭证、登记账簿和编制财务报表，完成一次会计循环，系统掌握会计核算的基本规范，提高会计实务操作能力。

二、实训要求

1. 根据期初总分类账资料开设总分类账户，并将余额记入各账户的余额栏内。
2. 根据期初现金、银行存款等明细余额开设日记账和明细账，登记"期初余额"。
3. 根据资料4业务内容填制原始凭证。
4. 根据原始凭证，填制记账凭证。
5. 根据原始凭证或记账凭证登记日记账、明细账。
6. 根据记账凭证登记总账。
7. 对账、结账。
8. 根据总账明细账编制资产负债表、利润表。

三、实训资料

1. 企业概况

企业名称：辽宁省丰源有限责任公司
企业类型：国有企业
经营范围：从事喷灌设备生产
纳税人登记号：1123867388
开户银行：农行方型广场分理处　账号：801025886
地址：和平区十四纬路1号
联系电话：024—23866666
法人代表：肖一

2. 建账资料：

（1）各总分类账账户2007年11月末余额如下：

账户名称	借方	贷方
库存现金	15 000	
银行存款	234 700	
应收账款	98 400	
原材料	597 400	
库存商品	270 000	
固定资产	3 656 000	
累计折旧		353 400
短期借款		1 500 000
应付账款		420 100
应付职工薪酬		1 000
实收资本		2 000 000
资本公积		110 000
盈余公积		303 000
利润分配——未分配利润		94 000
本年利润		90 000
合计	4 871 500	4 871 500

（2）明细账余额：

"应收账款"账户和"应付账款"账户

总账科目	子目	借方	贷方
应收账款	南京下关公司	86 400	
	沈阳大吉公司	12 000	
应付账款	沈阳大恒电气公司		420 100

"原材料"账户和"库存商品"账户

总账科目	明细账户	单位	数量	单价	金额
原材料	甲材料	公斤	16 000	12	192 000
	乙材料	公斤	17 000	18	306 000
	丙材料	公斤	9 940	10	99 400
库存商品	A产品	件	600	350	210 000
	B产品	件	300	200	60 000

3. 会计核算的有关规定：

（1）库存现金限额为3 000元。

（2）"生产成本"明细分类账户设直接材料、直接人工（包括工资及福利费）和制造费用三个成本项目。

（3）"制造费用"按生产工人工资的比例分配。

（4）固定资产折旧，为了简化，采用直线法计提折旧，月折旧率为0.8%。

4. 业务资料，丰源公司2007年12月发生以下经济业务：

(1) 12月1日，签发现金支票一张，从银行提取现金2 000元，以备零星支出。

(2) 12月3日，从大恒电气公司购入丙材料20 000公斤，单价10元，增值税率为17%；对方代垫运杂费2 000元。货款、税款及运费总计236 000元，通过银行转账支付，材料验收入库。

(3) 12月5日，管理部门小王出差借差旅费3 000元，以现金支付。

(4) 12月8日，厂部管理部门购买办公用品200元，以现金支付。

(5) 12月10日，委托开户银行汇往沈阳大恒电气公司420 100元，偿还前欠货款。

(6) 12月13日，开出支票支付电视台广告费40 000元。

(7) 12月19日，向南京下关公司销售B产品1 500件，单价380元，增值税率17%，货已发出，并以银行存款代垫运费2 000元，以上货款、税金、运费共668 900元，已采用托收承付结算方式委托银行收取。

(8) 12月21日，生产车间为生产A产品领用甲材料8 000公斤，乙材料7 000公斤，丙材料260公斤，生产B产品领用乙材料6 000公斤，丙材料10 264公斤，生产车间维修领用丙材料734公斤，厂部维修领用甲材料40公斤。

(9) 12月22日，小王出差回来报销差旅费2 500元，余款退回，由出纳员开出收据一张。

(10) 12月24日，向大吉公司销售喷雾器3台，含税价款3 510元，收到商业承兑汇票一张。

(11) 12月25日，售给市渤海化工厂A产品1 000件，每件售价500元，增值税率17%（货物自提）收转账支票一张，将支票交存银行。

(12) 12月26日，从永道公司购入甲材料10 000公斤，单价12元，增值税率17%，材料如数验收入库，开出支票付清货款140 400元。

(13) 计算并结转本月完工产品成本。A产品完工1 000件，单位成本400元，B产品完工1 700件，单位成本300元，本月无期初在产品。

(14) 结转本月已销产品的销售成本。

(15) 将本月各损益类账户的余额转至本年利润账户。

(16) 按利润总额的25%计算应缴所得税并将所得税账户余额转入本年利润账户。

(17) 按利润总额10%分别提取法定盈余公积和任意盈余公积，向投资者分配利润10 000元。

(18) 结转利润分配——未分配利润。

表1

中国农业银行现金支票存根	中国农业银行　现金支票　（辽）
支票号码　07858400	出票日期（大写）　年　月　日　　　　X04 No 07858400
科　　目：_____	付款行名称：
对方科目：_____	收款人：　　　　　　　出票人账号：
签发日期　年　月　日	人民币（大写）　千百十万千百十元角分
收款人：	用途：　　　　　　　　科目（借）
金　额：	上列款项请从我账户内支付　对方科目（贷）
用　途：	出票人签章　　　　　　付讫日期　年　月　日
备　注：	出纳　审核　记账
单位主管　　会计 复核　　　　记账	贴对号单处　　　No 07858400

表2-1

中国农业银行转账支票存根	中国农业银行 转账支票 （辽） X04 No 07880875
支票号码 07880875 科　目： 对方科目： 签发日期　年　月　日 收款人： 金　额： 用　途： 备　注： 单位主管　　会计 复　核　　记账	出票日期（大写）　年　月　日　　付款行名称： 收款人：　　　　　　　　　　　出票人账号： 人民币（大写）　　千百十万千百十元角分 用途：　　　　　　　　　　　　科目（借） 上列款项请从我账户内支付　　对方科目（贷） 　　　　　　　　　　　　　　转账日期　年　月　日 出票人签章　　　　　　　　　复核　　记账

本支票付款期限十天

表2-2

辽宁省增值税专用发票

发票联　　　　　　　　　　　　　　　　No 012589545

开票日期：　年　月　日

购货单位	名　称： 纳税人识别号： 地址、电话： 开户行及账号：					密码区		
货物或应税劳务名称	规格型号	单位	数量	单价	金额		税率	税额
合计								
价税合计（大写）			佰　拾　万　仟　佰　拾　元　角					
销售单位	名　称：沈阳大恒电气公司 纳税人识别号：11235074919 地址、电话：沈阳市大东区东北大马路112号　88095529 开户行及账号：农行东站分理处　　801037488					备注	沈阳大恒电气公司 11235074919 发票专用章	

第二联 发票联 购货方记账凭证

收款人：　　　复核：　　　开票人：　　　销货单位：（章）

表2-3

收料单

供应单位：　　　　　　　　　　　　　　　　　　　　　编号：
发票号码：　　　　　　　年　月　日　　　　　　　　　仓库：

材料名称	规格	单位	数量		实际成本				计划成本	
			应收	实收	买价		运杂费	其他	合计	单位成本	金额
					单价	金额					
		合计									

主管：赵普　　检验员：马晓芳　　保管员：王权　　会计：

综合实训二

表2-4

辽宁省货物托运业专用发票

发票联

No 1126353

委托单位：辽宁省丰源有限责任公司

委托人　　　　　　　　　　到站　沈阳　　　　　　　　　　运单号 1002

货物名称	件数	重量	包装	代垫费用										托运费用							
				项目	万	千	百	十	元	角	分	项目	万	千	百	十	元	角	分
材料				铁路								服务费							
				公路		2	0	0	0	0	0	仓储保管费							
				空运								包装费							
				水运								搬倒理货费							
												退运手续费							
				保险费															
				合计		2	0	0	0	0	0	合计							

总计（大写）　万　仟　零　佰　零　拾　零　元　零　角　零　分

表3

借款单

年　月　日

借款单位：			
借款理由：			
借款数额：人民币（大写）			¥
本单位负责人意见：		借款人：	
会计主管审批：	付款方式：		出纳：

表4

记账联　　　　　　　　　　　　№ 1834383

0221061411　辽宁省沈阳市商业货物销售剪贴发票

购货单位（人）：　　　　　　　　年　月　日　　　　沈国税（02）1批（4）2049号

货名及规格	单位	数量	单价	金额							备注
				万	千	百	十	元	角	分	
											本发票联大写金额与剪贴券剪留金额相符（十元以下部分除外），否则无效。
合计金额（大写）			万　仟　佰　拾　元　角　分 ¥							
结算方式			开户银行及账号								

销货单位：（盖章有效）　　　　　　收款人：　　　　开票人：

①非报销凭证

№ 1834383

表5　　　　　　　　　中国农业银行电汇凭证（回单）1

委托日期　年　月　日　　　　　　　　　　　　　　　　　　第　号

汇款人	全称		收款人	全称		此联汇出行给汇款人的回单
	账号或住址			账号或住址		
	汇出地点	省　市县　汇出行名称		汇入地点	省　市省　汇入行名称	
金额	人民币（大写）				千百十万千元角分	

汇款用途：

上列款项已根据委托办理，如需查询，请持此回单来行面洽。

单位主管　　　会计　　　出纳　　　记账　　　　　汇出行盖章　　年　月　日

表6-1

中国农业银行现金支票存根	中国农业银行　转账支票（辽）
支票号码 07880876	出票日期（大写）　年　月　日　　X04 No 07880876
科　目：_____	收款人：　　　　付款行名称：
对方科目：_____	出票人账号：
签发日期　年　月　日	人民币（大写）　　千百十万千百十元角分
收款人：	用途：_____
金　额：	上列款项请从我账户内支付
用　途：	科目（借）
备　注：	对方科目（贷）
单位主管　会计	转账日期　年　月　日
复核　　记账	出票人签章　　　复核　　记账

本支票付款期限十天

表6-2　　　　　　　辽宁省服务业专用发票　　2007　No 254222
　　　　　　　　　　　　　发票联

付款单位：

服务项目	单位	数量	单价	金额	备注
				百十万仟百十元角分	
金额合计（小写）					

金额（大写）佰　拾　万　仟　佰　拾　元　角　分

表 7-1　　　　　　　　　　　　　　铁路运费收据

运输号码：

发站		到站		车种车号			货车自重	
集装箱型		运到期限		保价金额			运价里程	
收货人	全称		发货人	全称			现付费用	
	地址			地址			项目	金额
货物名称	件数	货物重量	计费重量	运价号	运价率	附记		
发货人声明事项								
铁路声明事项	（运费结算专用章）						合计	

② 报销凭证

发站承运日期戳　　发站经办人：

表 7-2　　　　　　　　　　　　托收承付凭证（委托回单）

委托日期　　年　　月　　日

收款人	全称		付款人	全称											
	账号			账号或地址											
	开户银行			开户银行											
委托收款金额	人民币（大写）					百	十	万	千	百	十	元	角	分	
附件		商品发运情况				合同号码									
寄单证张															
备注	上列托收款项如超过承付期限并未拒付时即视同全部承付					付款人开户行盖章									

表 7-3　　　　　　　　　　　　　　**出库单**

购货单位：　　　　　　　　　　　　年　　月　　日　　　　　　　　　　　　编号：

产品编号	产品名称	规格	单位	数量	单位成本	总成本	备注
合计							

主管：孟飞　　保管员：张天宝　　提货人：石岩　　制单：王华　　会计：

表 7-4

辽宁省增值税专用发票
No 06994623

发票联

开票日期： 年 月 日

购货单位	名　　　称：南京下关公司 纳税人识别号：50789500258 地 址 、电 话：南京市建邺区虎踞路 188 号　32336789 开户行及账号：建行下关分理处　5064532105	密码区	

货物或应税劳务名称	规格型号	单位	数量	单价	金额	税率	税额
合计							

价税合计（大写）	佰 拾 万 仟 佰 拾 元 角 分

销售单位	名　　　称： 纳税人识别号： 地 址 、电 话： 开户行及账号：	备注	（辽宁省丰源有限责任公司 1123867388 发票专用章）

收款人：　　　　　复核：　　　　　开票人：　　　　　销货单位（章）

表 8-1

领料单

仓库：材料库　　　　　　　　　　　年 月 日

编号	类别	材料名称	规格	单位	数量		实际价格	
					请领	实发	单价	金额
		合计						

用途		领料部门		发料部门		财务部门	
		负责人	领料单	核准人	发料人	审核	会计
		周北方	王燕	赵普	王权		

表 8－2

领料单

仓库：材料库　　　　　　　　　　　　　　　年　月　日

编号	类别	材料名称	规格	单位	数　　量		实际价格	
^^^	^^^	^^^	^^^	^^^	请领	实发	单价	金额
合计									
用途		领料部门		发料部门		财务部门	
^^^	^^^	负责人	领料单	核准人	发料人	审核	会计
^^^	^^^	周北方	王燕	赵普	王权		

会计记账联

表 8－3

领料单

仓库：材料库　　　　　　　　　　　　　　　年　月　日

编号	类别	材料名称	规格	单位	数　　量		实际价格	
^^^	^^^	^^^	^^^	^^^	请领	实发	单价	金额
合计									
用途		领料部门		发料部门		财务部门	
^^^	^^^	负责人	领料单	核准人	发料人	审核	会计
^^^	^^^	周北方	王燕	赵普	王权		

会计记账联

表 8－4

领料单

仓库：材料库　　　　　　　　　　　　　　　年　月　日

编号	类别	材料名称	规格	单位	数　　量		实际价格	
^^^	^^^	^^^	^^^	^^^	请领	实发	单价	金额
合计									
用途		领料部门		发料部门		财务部门	
^^^	^^^	负责人	领料单	核准人	发料人	审核	会计
^^^	^^^	赵建国	王芳	赵普	王权		

会计记账联

表9-1

辽财会账证50-1号

出差旅费报销表

单位：　　　　　　　　　　　　　　　　　　　　　　　　　　　　　　　200　年　月　日填

月	日	时间	出发地	月	日	时间	到达地	机票费	车(船)费	卧铺费	夜行车补助		市内交通费		宿费			出差补助		其他	合计
											小时	金额	实支	包干	标准	实支	提成扣减	天数	金额		
	合　　计																					

出差任务		报销金额（大写）		人民币：　　　仟　　佰　　拾　　圆　　角　　分					预借金额	
^	^	单位领导		部门		负责人		出差人	报销金额	
^	^	^	^	^	^	^	^	^	结余或超支	

会计主管人员：　　　　　记账：　　　　　审核：　　　　　附单据：　　　　张：

表9-2

收据

年　月　日　　　　　　　　　　　　　　　　　　　　　　　　　　　　　　　　第19号

今收到			
人民币（大写）		￥_____	
事由：		现金	
^	^	支票第　　号	
收款单位		财务主管		收款人	

第二联　记账凭证

表10-1

商业承兑汇票　　**3**　　　　　　　　汇票号码

签发日期　年　月　日　　　　　　　　　　第016号

收款单位	全　称		付款单位	全　称							
^	账号或住址		^	账号或住址							
^	开户银行	行号	^	开户银行		行号					
^	金额	人民币（大写）	百	十	万	千	百	十	元	角	分
汇票到期日			交易合同号码								
本汇票已经本单位承兑，到期日无条件支付票款。此致												
收款人　付款人盖章			汇票签发人盖章								
负责：　经办　年　月　日			负责　经办								

此联签发人存查

表 10-2

辽宁省增值税专用发票

No 06442565

发票联

开票日期： 年 月 日

购货单位	名　　　称： 沈阳市大吉有限公司 纳税人识别号： 112305897 地址、电话： 沈阳市和平区光荣街10号　247895461 开户行及账号： 农行中山广场分理处　5024568901	密码区	
货物或应税劳务名称	规格型号	单位	数量	单价	金额	税率	税额
合计							
价税合计（大写）	佰　拾　万　仟　佰　拾　元　角　分
销售单位	名　　　称： 纳税人识别号： 地址、电话： 开户行及账号：	备注	辽宁省丰源有限责任公司 1123867388 发票专用章

收款人：　　　　　　复核：　　　　　　开票人：

表 11-1

中国农业银行现金支票存根 支票号码： 07880877 科　目： 对方科目： 签发日期： 年 月 日 收款人： 金　额： 用　途： 备　注： 单位主管：　会计：	中国农业银行　转账支票　（辽）　XO4　No 07880877 出票日期（大写）　年　月　日　　　付款行名称： 收款人：　　　　　　　　　　　出票人账号： 人民币（大写）　　　千 百 十 万 千 百 十 元 角 分 用途：_____ 上列款项请从我账户内支付　　科目（借） 　　　　　　　　　　　　　对方科目（贷） 出票人签章　　　　　　　　转账日期　年 月 日 　　　　　　　　　　　　　复核　　　记账

表 11-2

出库单

购货单位：　　　　　　　　　年　月　日　　　　　　　　　　编号：

产品编号	产品名称	规格	单位	数量	单位成本	总成本	备注
合计							

主管：孟飞　　保管员：张天宝　　提货人：赵峰烟　　制单：王华　　会计：

综合实训二   335

表 11-3

中国农业银行进账单（收账通知）   3
年 月 日

付款人	全 称		收款人	全 称										
	账 号			账 号										
	开户银行			开户银行										
人民币（大写）					百	十	万	千	百	十	元	角	分	
票据种类														
票据张数			收款人开户银行盖章 年 月 日											
单位主管　　　会计　　　复核　　　记账														

此联是银行交收款人的收账通知

表 11-4

辽宁省增值税专用发票   No 06994611
发票联
开票日期： 年 月 日

购货单位	名　　　称：沈阳市渤海化工厂 纳税人识别号：1123856421 地址、电话：沈阳市皇姑区昆山路2号　25081111 开户行及账号：工行昆山分理处　776535401	密码区	
货物或应税劳务名称	规格型号　单位　数量　单价　金额　税率　税额		
合计			
价税合计（大写）	佰 拾 万 仟 佰 拾 元 角 分		
销售单位	名　　　称： 纳税人识别号： 地址、电话： 开户行及账号：	备注	沈阳市永道公司 1123752578 销货单位（章） 发票专用章
收款人：　　　　　复核：　　　　　开票人：			

第二联发票联购货方记账凭证

表 12-1

中国农业银行现金支票存根 支票号码：07880877 科　　目：_____ 对方科目：_____ 签发日期： 年 月 日	中国农业银行　转账支票　（辽）　XO4　No 07880877
收款人： 金　额： 用　途： 备　注：	出票日期（大写）　年 月 日　　付款行名称： 收款人：　　　　　　　　　　　出票人账号： 人民币（大写）　千 百 十 万 千 百 十 元 角 分 用途：_____ 上列款项请从我账户内支付　科目（借） 　　　　　　　　　　　　　　对方科目（贷） 出票人签章　　　　　　　　　转账日期　年 月 日 　　　　　　　　　　　　　　复核　　　记账
单位主管　　　会计	

（本支票付款期限十天）

综合实训二

表 12-2

辽宁省增值税专用发票

No 06994611

发票联

开票日期： 年 月 日

购货单位	名　　称：				密码区			
	纳税人识别号：							
	地　址、电　话：							
	开户行及账号：							

货物或应税劳务名称	规格型号	单位	数量	单价	金额	税率	税额
合计							

价税合计（大写）	佰　拾　万　仟　佰　拾　元　角　分

销售单位	名　　称：	沈阳市永道公司	备注
	纳税人识别号：	1123752578	
	地　址、电　话：	沈阳市东陵区东陵路271号　88402950	
	开户行及账号：	建行二〇四分理处　235011875	

收款人：　　　　　　复核：　　　　　　开票人：

表 12-3

入库单

年 月 日

产品编号	产品名称	计量单位	实际数量	单位成本	总成本	备注
合计						

主管：孟飞　　　　保管：张天宝　　　　经办人：　　　　会计：

表 13-1

入库单

年 月 日

产品编号	产品名称	计量单位	实际数量	单位成本	总成本	备注
合计						

主管：孟飞　　　　保管：张天宝　　　　经办人：　　　　会计：

表 13-2

已完工产品成本计算单

年　月

金额单位：

产品名称	计量单位	月初结存		本月入库		本月销售	
		数量	总成本	数量	总成本	数量	总成本

主管：　　　　　　　　审核：　　　　　　　　制表：

第三篇 基础会计模拟试题

基础会计模拟试题一

一、填空题

1. 会计要素中的（　　）、（　　）和（　　）三要素是反映企业财务状况的要素。
2. 如果记账后，发现记账凭证中的会计科目没有错误，只有金额错误，可以采用（　　）或（　　）进行更正。
3. 会计核算的前提条件有会计主体、（　　）、（　　）、（　　）。
4. 借贷记账法的记账规则是（　　）、（　　）。
5. 期间费用包括（　　）、（　　）和（　　）。
6. 会计账务处理的程序主要有记账凭证账务处理程序、（　　）和（　　）。
7. 会计的职能可以有很多，但其基本职能应当概括为（　　）和（　　）。
8. 会计对账工作的内容包括（　　）、（　　）、（　　）。

二、单项选择题

1. 原始凭证按填制方法不同划分为（　　）。
   A. 通用原始凭证和专用原始凭证
   B. 一次原始凭证、累计原始凭证和汇总原始凭证
   C. 外来原始凭证和自制原始凭证
   D. 收款凭证、付款凭证和转账凭证
2. 将现金送存银行，一般应填制的记账凭证是（　　）。
   A. 现金付款凭证
   B. 分别填制现金存款付款凭证和银行存款收款凭证
   C. 银行存款收款凭证
   D. 转账凭证
3. 账户的余额一般与（　　）在同一方向。
   A. 减少额　　　　　　　　　　　　B. 增加额
   C. 借方发生额　　　　　　　　　　D. 贷方发生额
4. 某企业原材料期末比期初减少了 60 000 元，本期购进新增原材料 150 000 元，则"原材料"账户的贷方发生额为（　　）。
   A. 40 000 元　　　　　　　　　　　B. 210 000 元
   C. 条件不足，无法计算　　　　　　D. 90 000 元
5. 简单会计分录的表现形式为（　　）。
   A. 一借多贷　　　B. 一贷多借　　　C. 一借一贷　　　D. 多借多贷

6. 账户的贷方反映的是（　　）。
   A. 收入的增加　　　　　　　　　　B. 费用的增加
   C. 所有者权益的减少　　　　　　　D. 负债的减少
7. 在记账之前，必须根据（　　）编制记账凭证。
   B. 业务记录　　　　　　　　　　　B. 会计账簿
   C. 会计报表　　　　　　　　　　　D. 原始凭证
8. 记账后发现记账凭证科目正确，但所记金额大于应记金额，采用的更正方法是（　　）。
   A. 划线更正法　　　　　　　　　　B. 平行登记法
   C. 补充登记法　　　　　　　　　　D. 红字更正法
9. 登记账簿的依据是（　　）。
   A. 会计凭证　　　　　　　　　　　B. 会计分录
   C. 经济合同　　　　　　　　　　　D. 会计报告
10. 我国企业的利润表采用（　　）结构。
    A. 账户式　　　B. 多步式　　　C. 单步式　　　D. 报告式

三、多项选择题

1. 企业每天发生的各种经济业务虽然多种多样，但不外乎有以下几种类型（　　）。
   A. 资产与负债或所有者权益同时增加
   B. 资产中的有关项目有增有减
   C. 资产与负债或所有者权益同时减少
   D. 负债或所有者权益中的有关项目有增有减
2. （　　）属于引起会计等式左右两边会计要素变动的经济业务。
   A. 收到某单位前欠货款2 000元存入银行
   B. 以银行存款偿还银行借款
   C. 收到某单位投来机器一台，价值80万元
   D. 以银行存款偿还前欠货款10万元
3. 现金日记账的登记依据，包括（　　）。
   A. 现金收款凭证　　　　　　　　　B. 现金付款凭证
   C. 银行存款收款凭证　　　　　　　D. 银行存款付款凭证
4. 资产负债表中，下列（　　）项目是根据一个总分类账的期末余额直接填列的。
   A. 固定资产　　　　　　　　　　　B. 实收资本
   C. 货币资金　　　　　　　　　　　D. 短期借款
5. 下列项目中，影响营业利润的有（　　）。
   A. 所得税费用　　　　　　　　　　B. 主营业务收入
   C. 投资收益　　　　　　　　　　　D. 财务费用
6. 账户的借方登记（　　）。
   A. 资产增加　　　　　　　　　　　B. 负债增加
   C. 负债减少　　　　　　　　　　　D. 所有者权益增加

7. 总账和明细账之间的登记应该做到（　　）。
   A. 登记的期间相同　　　　　　　　B. 登记的方向相同
   C. 登记的金额相同　　　　　　　　D. 登记的人员相同
8. 在制造成本法下，产品成本项目有（　　）。
   A. 直接材料　　　　　　　　　　　B. 制造费用
   C. 直接人工　　　　　　　　　　　D. 管理费用
9. 记账凭证编制依据是（　　）。
   A. 原始凭证　　　　　　　　　　　B. 收款凭证
   C. 有关账簿　　　　　　　　　　　D. 原始凭证汇总表
10. 下面适用多栏式格式的明细账有（　　）。
   A. 生产成本　　　　　　　　　　　B. 制造费用
   C. 原材料　　　　　　　　　　　　D. 应收账款

四、判断题

1. 通过试算平衡检查账簿记录后，若左右平衡就可肯定记账没有错误。（　　）
2. 一般说来，各类账户的期末余额与记录增加额的一方在同一方向。（　　）
3. 在所有的账户中，左边均登记增加额，右边均登记减少额。（　　）
4. 期末应将"制造费用"账户所归集的制造费用分配计入有关的成本计算对象，因此，该账户期末一律无余额。（　　）
5. 原始凭证有时也是登记会计账簿的依据。（　　）
6. 企业当期发生的期间费用均应于期末转入"本年利润"账户。（　　）
7. 总分类账、现金、银行存款日记账一般采用活页式账簿。（　　）
8. 借贷记账法的基本内容主要包括记账符号、账户设置、记账规则、试算平衡。（　　）
9. 资产负债表是反映企业在一定会计期间经营成果的报表，利润表是反映企业某一时点财务状况的报表。（　　）
10. 总分类账户及其所属的明细分类账户必须在同一会计期间内登记。（　　）

五、综合业务题

（一）资料：甲公司发生业务如下：
1. 向乙公司购入材料一批，货款 20 000 元和增值税额 3 400 元，货款暂未支付，材料尚未到达。
2. 以现金支付上述材料的运费 500 元。
3. 上述材料到达验收入库，结转入库材料成本。
4. 从银行提取现金 50 000 元，并发放工资。
5. 领用材料 100 000 元，其中生产甲产品用 50 000 元，生产乙产品用 40 000 元，车间修理用 6 000 元，工厂行政管理部门用 4 000 元。
6. 销售产品一批，货款 150 000 元和增值税额 25 500 元已存入银行。
7. 以银行存款支付产品广告费 800 元。
8. 分配本月职工工资 40 000 元，其中生产甲产品工人工资为 15 000 元，生产乙产品工人工资为 20 000 元，车间管理人员工资 1 600 元，厂部行政管理人员工资 3 400 元。

9. 计提本月固定资产折旧15 500元，其中车间固定资产折旧为10 000元，厂部行政管理部门固定资产折旧为5 500元。

10. 计提应由本月负担的短期借款利息200元。

11. 根据甲、乙产品的生产工时比例分配本月发生的制造费用（本月甲产品耗用6 000工时，乙产品耗用4 000工时）。

12. 本月投产甲、乙产品各1 000件，产品全部完工入库，结转其生产成本。

13. 结转本月销售的甲产品500件的生产成本53 400元，销售乙产品500件的生产成本35 350元。

14. 将各损益类账户的余额全部转入"本年利润"账户。

15. 按利润总额的25%计算应缴的所得税，并结转所得税。

16. 按税后净利润的10%提取法定盈余公积。

（二）根据以上资料编制会计分录。

基础会计模拟试题二

一、填空题

1. 总分类账户和明细分类账户平行登记的要点是（   ）、（   ）、（   ）。
2. 某企业本期营业利润为 80 000 元，期间费用为 10 000 元，投资净收益为 12 000 元，则该企业的利润总额应为（   ）元。
3. 常见的错账更正方法有（   ）、（   ）和（   ）三种。
4. 会计核算方法主要包括设置账户、（   ）、填制和审核凭证、（   ）、成本计算、（   ）和编制财务会计报告等七种具体方法。
5. 会计要素中的（   ）、（   ）和（   ）三要素是反映企业经营成果的要素。
6. 原始凭证按填制方法不同分类，可分为（   ）、（   ）和（   ）。
7. 会计账簿按外表形式划分，可分为（   ）、（   ）和（   ）。
8. 某企业年末固定资产账面余额 2 000 万元，累计折旧账面余额 800 万元，在建工程账面余额 200 万元。该企业资产负债表中固定资产项目的金额为（   ）万元。

二、单项选择题

1. 某企业月初资产总计为 90 000 元，负债为 72 000 元，则其所有者权益应为（   ）元。
   A. 90 000　　　　B. 18 000　　　　C. 72 000　　　　D. 162 000
2. 某企业库存商品期末比期初增加 4 000 元，本期完工入库的库存商品为 7 000 元。则本期"库存商品"账户的贷方发生额应为（   ）元。
   A. 3 000　　　　B. 11 000　　　　C. 4 000　　　　D. 7 000
3. 会计报表中报表项目的数字，其直接来源是（   ）。
   A. 原始凭证　　　　　　　　　　B. 账簿记录
   C. 日记账　　　　　　　　　　　D. 记账凭证
4. （   ）不能作为登记明细账的依据。
   A. 原始凭证　　　　　　　　　　B. 记账凭证
   C. 汇总记账凭证　　　　　　　　D. 原始凭证汇总表
5. 利润表填列的项目，一般应根据有关账户的（   ）分析填列。
   A. 本期发生额　　　　　　　　　B. 本期贷方发生额
   C. 本期借方发生额　　　　　　　D. 期末余额
6. 某企业"应收账款"科目月末借方余额 40 000 元，其中"应收甲公司账款"明细科目借方余额 35 000 元，"应收乙公司账款"明细科目借方余额 5 000 元；"预收账款"科目月末贷方余额 15 000 元，其中："预收 A 工厂账款"明细科目贷方余额 25 000 元，"预收 B 工厂账款"明细科目借方余额 10 000 元。该企业月末资产负债表中"应收账款"项目的金额为（　　）。

 A. 40 000   B. 25 000   C. 15 000   D. 50 000

7. 收入类账户的结构与所有者权益账户的结构（　　）。

 A. 完全一致   B. 相反   C. 基本相同   D. 无关

8. 为组织产品生产而领用材料的实际成本，应记入（　　）账户的借方。

 A. 生产成本   B. 制造费用

 C. 管理费用   D. 销售费用

9. 原始凭证金额有错误，应当采用（　　）。

 A. 红字更正法更正   B. 划线更正法更正

 C. 蓝字更正法更正   D. 由出具单位重开

10. 某会计人员根据记账凭证登记入账时，误将 800 元填写为 8 000 元，而记账凭证无误，应用（　　）予以更正。

 A. 红字更正法   B. 补充登记法

 C. 划线更正法   D. 平行登记法

三、多项选择题

1. 下列原则属于会计信息质量要求的有（　　）。

 A. 权责发生制   B. 谨慎性

 C. 相关性   D. 可比性

 E. 及时性

2. 企业计算某账户本期期末余额，要根据以下有关项目内容才能计算出来（　　）。

 A. 本期期初余额   B. 本期增减净额

 C. 本期增加发生额   D. 本期企业资金总额

 E. 本期减少发生额

3. 每笔会计分录都包括（　　）。

 A. 会计科目   B. 记账方向

 C. 记账金额   D. 核算方法

 E. 原始凭证

4. 下列项目中，能同时引起资产和负债发生变化的项目有（　　）。

 A. 投资者投入资本   B. 用盈余公积转增资本

 C. 以银行存款偿还欠款   D. 购买材料款项尚未支付

 E. 以银行存款偿还借款

5. 账户借方登记（　　）。

 A. 资产增加   B. 负债增加

 C. 所有者权益增加   D. 负债减少

 E. 所有者权益增减少

6. 记账凭证编制依据是（　　）。

 A. 原始凭证   B. 收款凭证

C. 有关账簿 D. 原始凭证汇总表
E. 付款凭证

7. 银行存款日记账登记的依据是（　　）。
   A. 银行存款收款凭证 B. 银行存款付款凭证
   C. 现金付款凭证 D. 现金收款凭证
   E. 转账凭证

8. 以记账凭证为依据，按有关账户贷方设置，按与其相对应的借方账户进行归类汇总填制的汇总凭证有（　　）。
   A. 科目汇总表 B. 汇总收款凭证
   C. 汇总转账凭证 D. 汇总付款凭证
   E. 汇总原始凭证

9. 银行存款的清查主要是核对（　　）。
   A. 银行存款日记账 B. 银行存款总分类账
   C. 银行对账单 D. 银行存款余额调节表
   E. 银行存款实存数

10. 导致企业银行存款账面余额大于银行对账单余额的未达账项是（　　）。
    A. 企业已收款入账，银行尚未入账
    B. 企业已付款入账，银行尚未入账
    C. 银行已收款入账，企业尚未入账
    D. 银行已付款入账，企业尚未入账
    E. 企业和银行都未入账

四、判断题

1. "利润分配"总账的年末余额不一定与相应的资产负债表中未分配项目的数额一致。（　　）
2. 利润表中"营业税金及附加"项目不包括增值税。（　　）
3. 采用科目汇总表核算形式，总分类账和明细分类账以及日记账都应该根据科目汇总表登记。（　　）
4. 序时账簿、分类账簿、备查账簿是按账簿的外表形式做的分类。（　　）
5. 除结账和更正错误的记账凭证可以不附原始凭证外，其他记账凭证必须附有原始凭证，并注明原始凭证的张数。（　　）
6. 只要实现了期初余额、本期发生额和期末余额三栏的恒等关系，就说明账户的记录是正确的。（　　）
7. 车间管理人员的工资应计入企业的管理费用。（　　）
8. 账户的借方反映资产和负债及所有者权益的增加，贷方反映资产和负债及所有者权益的减少。（　　）
9. 会计期间分为年度，季度，月份和旬。（　　）
10. 借贷记账法的记账规则是："有借必有贷，借贷必相等"。（　　）

五、综合业务题

（一）根据下列经济业务编制会计分录并编制利润表。

1. 销售 A 产品 750 件，单价 80 元，增值税率 17%，款项尚未收回。
2. 销售 B 产品 1 000 件，单价 150 元，增值税率 17%，款项已存入银行。
3. 预收 C 产品货款 30 000 元存入银行。
4. 结转已销 A、B 产品的实际生产成本，A 产品单位成本 60 元，B 产品单位成本 120 元。
5. 用银行存款支付广告费 3 000 元。
6. 用现金支付管理人员工资 8 000 元。
7. 用现金支付专设销售机构的人员工资 5 000 元。
8. 预提应由本月负担的银行借款利息 1 200 元。
9. 以现金报销办公室张强差旅费 800 元。
10. 用银行存款支付税收滞纳金 1 800 元。
11. 收到某购货单位由于未及时履行供销合同而支付给本单位的违约金 300 元，存入银行。
12. 结转本期主营业务收入和营业外收入。
13. 结转本期主营业务成本、营业费用、管理费用、财务费用和营业外支出。
14. 按利润总额的 25% 计算企业所得税。
15. 按税后净利润额的 30% 计算应付投资者股利。

（二）甲公司 2008 年 12 月份发生与银行有关的业务如下：

（1）①12 月 28 日，甲公司收到 A 公司开出的 480 万元转账支票，交存银行。该笔款项系 A 公司违约支付的赔款，甲公司将其计入当期损益。

②12 月 29 日，甲公司开出转账支票支付 B 公司咨询费 360 万元，并于当日交给 B 公司。

（2）12 月 31 日，甲公司银行存款日记账余额为 432 万元，银行转来对账单余额为 664 万元。经逐笔核对，发现以下未达账项：

①甲公司将 12 月 28 日收到的 A 公司赔款登记入账，但银行尚未记账。

②B 公司未将 12 月 29 日收到的支票送存银行。

③甲公司委托银行代收 C 公司购货款 384 万元，银行已于 12 月 30 日收妥并登记入账，但甲公司尚未收到收款通知。

④12 月份甲公司发生借款利息 32 万元，银行已减少其存款，但甲公司尚未收到银行的付款通知。

要求：（1）编制甲公司上述（1）的会计分录；

（2）编制银行存款余额调节表（答案中金额用万元表示）。

基础会计模拟试题三

一、填空题

1. 在会计恒等式中，资产 =（   ）+（   ）。
2. 记账凭证账务处理程序、科目汇总表账务处理程序和汇总记账凭证账务处理程序主要的区别是（   ）的依据不同。
3. 会计信息质量要求的原则包括客观性、（   ）、明晰性、（   ）、实质重于形式、（   ）、重要性、（   ）。
4. 企业财务报告包括（   ）、（   ）、（   ）和所有者权益变动表等会计报表及其附注和其他需要披露的资料。
5. 会计账簿按所使用的账页格式不同分为（   ）、（   ）、（   ）三种。
6. 会计凭证一般按照填制的程序和用途不同，可分为（   ）和（   ）。
7. 复式记账法的基本内容一般包括（   ）、账户的设置及结构、（   ）和（   ）。
8. 企业预提短期借款利息，应借记（   ）账户，贷记（   ）账户。

二、单项选择题

1. 根据复式记账原理，对每笔借记业务都必须同时在（   ）中相互联系地加以登记。
   A. 一个账户的借方和另一个账户的贷方
   B. 一个资产账户和一个负债账户
   C. 一个总账账户和其所属几个明细账户
   D. 两个或两个以上的账户
2. 下列记账凭证中可以不附原始凭证的是（   ）。
   A. 收款凭证　　　　　　　　　　B. 付款凭证
   C. 转账凭证　　　　　　　　　　D. 用于结账的凭证
3. 红字更正法适用的情况是（   ）。
   A. 记账凭证错误，记账也错误
   B. 记账凭证未错，记账错误
   C. 记账凭证应借、应贷科目错误
   D. 记账凭证所记金额小于应记金额
4. "应收账款"账户初期余额为 5 000 元，本期借方发生额为 6 000 元，贷方发生额为 4 000 元，则期末余额为（   ）。
   A. 借方 5 000　　B. 贷方 3 000　　C. 借方 7 000　　D. 贷方 2 000
5. 总分类账户对明细分类账户起着（   ）作用。

A. 统驭和控制 B. 补充和说明
C. 指导 D. 辅助

6. 应计入产品成本的费用中，不能分清应由何种产品负担的费用应（　　）。
A. 作为管理费用处理
B. 直接计入当期损益
C. 作为制造费用处理，期末再通过分配计入产品成本
D. 直接计入产品成本

7. 从银行提取现金，一般应填制的记账凭证是（　　）。
A. 现金收款凭证
B. 银行付款凭证
C. 转账凭证
D. 分别填制银行付款凭证和现金收款凭证

8. 下列适用于三栏式明细分类账簿的是（　　）。
A. 管理费用 B. 原材料
C. 应收账款 D. 主营业务收入

9. 资产负债表内有关所有者权益的排列顺序是（　　）。
A. 实收资本、资本公积、未分配利润、盈余公积
B. 实收资本、资本公积、盈余公积、未分配利润
C. 未分配利润、盈余公积、实收资本、资本公积
D. 实收资本、未分配利润、盈余公积、资本公积

10. 某企业 2010 年发生的营业收入为 1 000 000 元，营业成本为 400 000 元，销售费用为 100 000 元，管理费用为 200 000 元，财务费用为 100 000 元，投资收益为 300 000 元，营业外收入为 150 000 元，营业外支出为 50 000 元。该企业 2010 年的营业利润为（　　）元。
A. 600 000 B. 200 000 C. 500 000 D. 600 000

三、多项选择题

1. 企业存货发生盘亏或毁损，应先计入"待处理财产损溢"科目，查明原因后分别计入（　　）科目。
A. 管理费用 B. 其他应付款
C. 营业外支出 D. 其他应收款

2. 资产负债表中应付账款项目是根据（　　）计算填列。
A. "应付账款"明细账的借方余额
B. "应付账款"明细账的贷方余额
C. "预付账款"明细账的借方余额
D. "预付账款"明细账的贷方余额

3. 下列账户中，属于抵减调整账户的有（　　）。
A. 应收账款 B. 坏账准备 C. 固定资产 D. 累计折旧

4. 登记总分类账的根据可以是（　　）。
A. 记账凭证 B. 汇总记账凭证

C. 科目汇总表　　　　　　　　　　　D. 原始凭证汇总表
5. 银行存款日记账登记的依据是（　　）。
A. 银行存款收款凭证　　　　　　　B. 银行存款付款凭证
C. 现金付款凭证　　　　　　　　　D. 现金收款凭证
6. 下列原始凭证属于汇总原始凭证的有（　　）。
A. 限额领料单　　　　　　　　　　B. 收料汇总表
C. 科目汇总表　　　　　　　　　　D. 发料汇总表
7. 一般纳税企业材料的实际采购成本包括（　　）。
A. 买价　　　　　　　　　　　　　B. 增值税
C. 采购费用　　　　　　　　　　　D. 入库后的保管费用
8. 下列账户属于成本类的账户有（　　）。
A. 生产成本　　　　　　　　　　　B. 制造费用
C. 主营业务成本　　　　　　　　　D. 其他业务成本
9. 会计的基本职能有（　　）。
A. 会计核算　　　　　　　　　　　B. 会计监督
C. 会计决策　　　　　　　　　　　D. 会计预测
10. 账户与会计科目的区别表现在（　　）。
A. 账户和会计科目的经济内容是不一致的
B. 账户有结构，会计科目则无
C. 账户不是依据会计科目开设的，两者名称不一致
D. 会计要素的增减变化要在账户中进行登记，而会计科目则不能。

四、判断题

1. 科目汇总表与汇总记账凭证一样，均能反映出账户之间的对应关系。（　　）
2. 银行存款日记账和银行对账单都正确时二者的余额仍然可能不一致。（　　）
3. 银行存款日记账既是序时账又是订本账。（　　）
4. 会计主体是指会计所核算和监督的特定单位或者组织，它界定了从事会计工作平台和提供会计信息的时间范围。（　　）
5. 在所有的账户中，左边均登记增加额，右方均登记减少额。（　　）
6. 总分类账户和明细分类账户平行登记的要点可概括为：登账依据相同、方向一致、金额相等。（　　）
7. 累计凭证是在一定时期内连续记录若干同类经济业务的原始凭证，如自制原始凭证中的限额领料单。（　　）
8. 企业出纳人员除了负责货币资金收付业务，还要登记现金和银行存款日记账和总账。（　　）
9. 记账凭证账务处理程序下，记账凭证可以是通用记账凭证，也可以是收、付、转等专用记账凭证。（　　）
10. 资产负债表和利润表属于静态报表，现金流量表属于动态报表。（　　）

五、综合业务题

（一）资料：保大公司 12 月发生的经济业务如下：

1. 从银行取得期限为 6 个月、年利率为 9% 的借款 50 000 元存入银行。
2. 收回其他单位欠款 2 800 元存入银行。
3. 管理部门人员出差预借差旅费 1 500 元，财会部门给付现金，后出差回来报销差旅费 1 180 元，余款退回现金。
4. 购入甲材料 2 000 千克，单价 9 元；乙材料 1 200 千克，单价 4 元。发票注明的增值税额 3 876 元，价税款未付。
5. 以银行存款支付甲、乙材料外地运杂费 3 200 元，按重量分配（甲 2 000 千克、乙 1 200 千克），材料验收入库，结转成本。
6. 接受某公司投入的一台设备，价值 50 000 元，投入使用。
7. 仓库发出材料，A 产品生产耗用 70 000 元，B 产品生产耗用 30 000 元。
8. 以现金支付本月负担的保险费 600 元。
9. 用存款支付本月水电费，其中车间 1 600 元，厂部 800 元。
10. 预提应由本月负担的本月初借款利息 375 元。
11. 月末分配工资费用，其中：
A 产品生产工人工资 26 000 元
B 产品生产工人工资 14 000 元
车间管理人员工资 10 000 元
厂部管理人员工资 8 000 元
12. 按各自工资额的 14% 提取福利费。
13. 计提应由本月负担的车间设备修理费 800 元。
14. 计提本月固定资产折旧，其中：
车间设备折旧额 1 700 元
厂部设备折旧额 1 300 元
15. 经计算本月销售税金 2 800 元。
16. 用银行存款支付销售产品的运杂费 500 元。
17. 结转本月已销产品成本 30 000 元。
18. 销售 A 材料 20 000 元，增值税税率为 17%，价税款存入银行。该项材料的采购成本为 18 000 元。
19. 将本月发生的各项收入和支出转入"本年利润"账户。
20. 按 33% 的税率计算所得税并予以结转。
21. 结转本年利润。
22. 按税后利润的 10% 提前法定盈余公积金。
23. 向投资者分配利润 5 000 元。
24. 结转利润分配明细账。
（二）根据以上业务资料编制有关会计分录。

第四篇 会计案例

【案例一】 企业办理普通发票的领购程序

纳税人持税务登记证副本和经办人身份证到主管税务局办税大厅"发票领购窗口"领取"申请表",并按规定填写、盖章。

(1) 企业经办人将填写的"申请表"和如下资料交给"发票领购窗口":
①税务登记证副本及复印件一份。
②经办人身份证及复印件一份。
③财务印章或发票专用印章模型(盖章留底)。
④企业月销售额和月需发票面额、数量的报告书。
⑤营业执照原件及复印件。

(2) "发票领购窗口"经办人员审核资料齐全后。退回营业执照及税务登记证副本原件和经办人身份证原件,并开具收件回执。

(3) 纳税人凭回执(按约定时间)到"发票领购窗口"领取《发票领购簿》和《领购发票身份证明卡》。

(4) 企业经办人凭《发票领购簿》和《领购发票身份证明卡》到窗口领购发票。

(5) 企业以后领购普通发票时,除凭《发票领购簿》和《领购发票身份证明卡》外,还需送验上次领购已使用完的发票存根联(如已购买过发票),经税务局审核后,加盖"查验章"方可再次领购发票。

【案例二】 企业鉴别支票真伪与防止商业诈骗

在经济犯罪中,常有用变造支票、空头支票购买商品的,常见的方式是:与购买方从未有过交道,且购买量很大(对于小商店而言),如要50袋大米,20桶花生油,又大都是在下午4点前后(周五最多),声称很紧急,公司等米下锅开饭,或是等原料开工之类,许诺价格高一成都可以,选好商品递上支票,对这种情况要特别小心,也许从直观上看支票绝对没有问题,但是建议先持支票到银行鉴定或入账。

如果是本地的公司支票可直接入账便知道是否有诈,如果是外地公司支票则请银行鉴定真伪,千万别为量大且价格高所诱惑,导致财产损失。

收取支票后,应尽快将支票送到银行,这个行为称为入账。其入账方式有:

顺转:将支票交到开出支票的银行去,由开出支票银行将钱拨到收款银行。

逆转:将支票交到自己商店的开户行,委托开户行到开出支票的银行收款。

其中,顺转时支票交到支票开户行马上就可以知道支票上有无足够金额,所以入账时最好去支票开户行。

填写进账单(进账单需在开户行购买):进账单虚线右半部分框里,持票人一栏填写本公司资料(名称、开户行、账号),出票人一栏填开支票方资料(名称、开户行、账号)。

银行进账单,是持支票到银行办理进账手续的凭证,进账单的虚线左端部分称为回单,银行收进支票盖上银行章后退还企业用以记账。如果是顺转,收到回单即表示货款已划出。如果是逆转,则要等两天左右才能知道货款是否真正划到账。持支票诈骗往往就是利用这两天银行划账的时间差进行诈骗活动的。

【案例三】 鉴别发票十法

审查判断发票真伪要有深入细致的精神和高度的责任感,对发票的形式和内容、现象和本质,要认真分析,善于探索问题,辨伪析疑,见微知著。其具体方法是:

(一)审查发票的有效性。不同时期有不同的发票版式,发票实行不定期换版制度,如果发现逾期使用旧版发票报销的,应查清情况,判断是否存在问题。对发票要看其印制是否清晰,有无错漏,辨明真伪。审查比较同期发票的新旧程度,看是否属于使用早已废弃不用的发票,弄虚作假,拿出来报销。

(二)审查发票的笔迹。看发票抬头、日期、品名、数量、单价、大小写金额的字迹、笔体、笔画的精细、压痕是否一致。有无用药剂退色、用橡皮擦、小刀刮等涂改痕迹。

(三)审查发票的复写情况。看复写的字迹颜色是否相同。对发票的正面和反面都应仔细看一看,本应一式多份复写的是否符合复写的实际情况。背面有无局部复写的痕迹。发票的第二联如果不是复写的而是用钢笔或圆珠笔填写的,就说明存在问题。

(四)审查发票的填写字迹是否位移。税务机关指定的企业在印制装订发票时,各联次的纵横行列都是对齐的,有固定位置。如果发票各联填写的字迹有不正常的位移,就可能存在问题。

(五)审查发票的填写内容。看发票报销联的台照、时间、数量、单价、金额是否填写齐全;看发票物品名称是否具体、正确、清楚,如写的类名称——生产用品、办公用品、交电、百货、日杂、土产,且金额较大,对这种情况不论付款用现金还是转账,都可能存在问题。

(六)审查物品名称是否为用票单位的经销范围。如家电维修部、加工门市部的发票,物品名称却是煤炭,显然存在问题。

(七)审查用票单位与发货单位、收款单位的名称是否相符。

(八)审查发票台照写的购货单位与实际收货单位、付款单位的名称是否相符。

(九)审查同一供货单位,特别是个体工商户,是否使用了不同单位的发票。

(十)审查发票号码。看同一个单位的发票,是否多次在某单位报销,而其发票号码顺序相连,却时间颠倒。

对上述发现的问题,一要调查发票报销后实物的去向,二要调查购货付款单位的发票报销联与开票单位、发货收款单位的发票存根、记账联、现金银行账、实物明细账的物品名称、数量、单价、金额是否相符。调查是否无中生有、偷梁换柱、移花接木、李代桃僵,查明事实真相,是否有违法犯罪行为存在。

同时,还可以从四个方面去鉴别:

(一)普通发票真伪鉴别方法:发票监制章是识别发票真伪的重要法定标志。全国统一启用的新版发票"发票监制章",其形状为椭圆形,上环刻制"全国统一发票监制章"字样,下环刻制"**税务局监制"字样,中间刻制国税、地税机关所在地的省、市全称或简称,字体为正楷,印色为大红色,紫外线灯下,呈橘黄色,荧光反映,套印在发票联的票头正中央。发票联采用有"SW"字样防伪专用纸等方面的识别,用发票防伪鉴别仪识别防伪油墨看其是否是统一的防伪油墨。这些防伪措施也是识别发票真伪的重要依据。

（二）增值税专用发票真伪鉴别方法：为鉴别增值税专用发票的真伪，首先应了解其防伪措施，然后采取特定的审查方法来鉴别其真伪。对照光线审查增值税专用发票的发票联和抵扣联，看是否使用国家税务总局统一规定带有水印图案的防伪专用纸印制。用紫外线灯、发票鉴别仪鉴别无色和有色荧光防伪标志"SW"。

（三）对照审查发票法：对照审查法将用票单位发票的实际使用情况与《发票购领簿》及发票领用存根的情况核对，审查私印发票、丢失发票、转借发票、虚开发票、代开发票、使用作废发票和超经营范围填开发票的问题。

（四）票面逻辑推理法：根据发票各个栏目所列的内容之间、发票与用票单位有关经济业务之间的关系进行分析审核，从中发现问题。发票所列各项内容之间，有其内在的逻辑关系和规律性，如果违背了这些规律，就说明发票存在问题。例如增值税专用发票中购销双方的名称与税务登记号有着直接的对应关系；根据销售货物或劳务的名称可以确定适用税率；根据计量单价、数量、单位、金额、税率和税额之间的逻辑关系可以推断金额和税额的计算有无错误等。发票与企业的购销业务有着直接的联系，而购销业务与企业存货数量及货币资金（包括债权、债务）的增减变化有着一定的对应关系，利用这一逻辑关系就可以审查发票的使用有无问题。取得发票的金额与存货、费用增加额，货币资金减少额，流动负债增加额呈同步变化趋势；填开发票的金额与存货减少额，货币资金或应收债权增加额呈同步变化趋势。如果企业取得和填开的发票与购销业务之间的关系违背了上述规律，在数量、金额上的逻辑关系不符，就有可能存在问题，需要进一步审查核实。

【案例四】 试算平衡表不是万能的

小甄从某财经大学会计系毕业，刚刚被聘任为启明公司的会计员。今天是他来公司上班的第一天。会计科里同事们忙得不可开交，一问才知道，大家正在忙于月末结账。"我能做些什么？"会计科长看他那急于投入工作的表情，也想检验一下他的工作能力，就问："试算平衡表的编制方法在学校学过了吧？""学过。"小甄很自然地回答。

"那好吧，趁大家忙别的时候，你先编一下我们公司这个月的试算平衡表。"科长帮他找到了本公司所有的总账账簿，让他在早已为他准备好的办公桌开始了工作。不到一个小时，一张"总分类账户发生额及余额试算平衡表"就完整地编制出来了。看到表格上那相互平衡的三组数字，小甄激动的心情难以言表。兴冲冲地向科长交了差。

"呀，昨天车间领材料的单据还没记到账上去呢，这也是这个月的业务啊！"会计员李媚说。还没等小甄缓过神来，会计员小张手里又拿着一些会计凭证凑了过来，对科长说，"这笔账我核对过了，应当记入"原材料"和"生产成本"的是 10 000 元，而不是 9 000 元。已经入账的那部分数字还得改一下。"

"试算平衡表不是已经平衡了吗？怎么还有错账呢？"小甄不解地问。

科长看他满脸疑惑的神情，就耐心地开导说："试算平衡表也不是万能的，像在账户中把有些业务漏记了，借贷金额记账方向彼此颠倒了，还有记账方向正确但记错了账户，这些都不会影响试算表的平衡。像小张才发现的把两个账户的金额同时记多了或记少了，也不会影响试算表的平衡。"

小甄边听边点头，心里想："这些内容好像老师在上《基础会计》课的时候也讲过。以后在实践中还得好好琢磨呀。"

经过一番调整，一张真实反映本月全部经济业务的试算平衡表又在小甄的手里诞生了。

【案例五】高速公路收费发票的财务专用章

2004年10月，东莞的洪司机驾车通过广州东南西环高速公路和北环高速公路两个出口的收费站时，发现这两个收费站的发票都少了财务印章。这种发票无法向公司报销，让他十分为难。洪司机的口袋里已经有了十几张的"有问题"发票，从今年10月开始，西环高速公路和北环高速公路两个出口的收费站的发票都变得很"特别"，有些有公司财务专用章，有些没有。弄得单位财务部怀疑司机造假，只给报销有章的。洪司机只好向北环高速公路公司询问情况，公司的相关人员解释了其中的原因：北环高速公路收费站的发票，正上方都有一个红章，是地方税务局的监制章，但开给司机的发票有的盖了公司财务专用章，有的没有盖。原因是：两个月前，广州市公路收费系统升级，发票都改成新的样式。现在系统还处在适应期，因此运行过程中偶尔会出现漏盖财务章的情况。北环高速公路称：如果某些司机因为发票漏章而不能报销，可以把发票拿到收费站，他们会帮助补盖财务专用章。

洪司机的经历告诉我们：（1）开具发票应"加盖单位财务印章或者发票专用章"。（2）没有加盖财务印章或者发票专用章的发票属于不符合规定的发票。（3）不符合规定的发票不得作为财务报销凭证，任何单位和个人有权拒收。

【案例六】为他厂填开发票8张侵吞国家税款123万元

1996年4月，山西省榆次市南关村新开张了两家企业，一家为榆次市中信机械厂，另一家为物资佳丽有限公司。中信机械厂的企业负责人在领取营业执照的同时办理了税务登记证，经榆次市国税局审批认定为一般纳税人，期限暂定一年。物资佳丽有限公司在领取营业执照后，却不办理税务登记。取得一般纳税人资格的中信机械厂，从1996年5月起先后两次在榆次市国税局征收分局服务大厅领取万元版增值税专用发票两本。1996年8月，物资佳丽有限公司经理伙同他人经营生铁发往河北唐山。购进生铁的唐山厂家索要增值税专用发票，而物资佳丽有限公司没有办理税务登记，自然开不出增值税专用发票。为了使生意顺利成交，物资佳丽有限公司的负责人范小虎找到了中信机械厂的负责人孙俊华，要孙俊华用中信机械厂领取的增值税专用发票开给唐山的购生铁厂家，条件是每吨付给孙俊华40元好处费。孙俊华满口答应，先后为范小虎填开售生铁专用发票8份，数量7400吨，价款将近851万元，税款123.5万元。而在存根联上只填开数量740吨，价款78.2万元，税款11.4万元。孙俊华从中收取非法所得近30万元，而那11.4万元税款也未申报缴纳。同时，唐山方面将8份发票如数抵扣（注：指企业按规定用购入材料时缴纳的进项税额扣抵销售产品时应缴纳的销项税额），范小虎侵吞税款123.5万元。

（整理于乔世震著：《会计案例》1999年5月第1版，原载《税收与企业》1997年12期）

【案例七】 记账凭证先盖章会计人员钻空子

企业的现金应由专职的出纳员保管。现金的收支应由出纳员根据收付款凭证办理，业务办理完毕后由出纳员在有关的凭证上签字盖章。这是现金收支业务的正常账务处理程序。

但在大连某实业公司，这个正常的账务处理程序却被打乱了。企业的现金由会计人员保管，现金的收支也由会计人员办理。更为可笑的是：该企业的记账凭证也是由出纳员张某先盖好印章放在会计人员那里，给会计人员作弊提供了可乘之机。

该实业公司会计（兼出纳）邵某就是利用这种既管钱、又管账的"方便"条件，尤其是借用盖好章的记账凭证，编造虚假支出，贪污公款1.4万余元。

（整理于《司法会计与鉴定》东北财经大学出版社，1987年8月第1版）

【案例八】 发票不只是纳税凭证

消费者在消费时索取发票是很多人的习惯，但很多人往往只从税务的角度考虑，或者想得到发票可以抽奖，其实，发票的本来意义并不是纳税凭证。

从广州市沈女士的遭遇我们可以体会到发票的其他意义。

3年前，沈女士给自己18岁的女儿买了12套品牌为"××"的增高鞋垫，价值2 050元。当时，该销售公司称对25岁以下的人群都有效，使用者在1年内可以增高5~10厘米，并承诺无效可以退款50%。

1年后，沈女士的女儿身高没有丝毫增长，于是，沈女士即带着女儿来到该公司要求对方履行退款的承诺，该公司的销售人员表示，他们最近又研究出一套最新的增高鞋垫，疗效比上一代更强，希望沈女士能让女儿再试试看，于是沈女士又拿了12双鞋垫让女儿穿了1年，1年后，女儿的身高依然没有任何增长。沈女士再次要求退款。

公司的负责人表示可以退款，但要求沈女士把发票寄到该公司。沈女士提出上门把发票和鉴定书一起交给该公司，然后领取退款。该负责人一口回绝，表示如果这样公司将不会给沈女士退款。

"为什么发票非得邮寄过去而不能送上门？"心存疑虑的沈女士在寄出发票前，将每张发票以及鉴定书都复印了一份留底。

发票寄过去半年多，该公司音信全无。期间，沈女士多次打电话去咨询，得到的答复都是发票还没有收到。可是沈女士通过邮局查询，得知该信函确实已经送到了该公司。沈女士后来再致电该公司的负责人，他干脆根本不承认有此事。无奈之下，沈女士只好向广州市工商局申诉。

经过调查，沈女士所述基本属实。广州市工商局的工作人员进行调解时，该公司竟否认沈女士是其顾客，称所有事实都是沈女士捏造出来的。当工商人员拿出沈女士留底的发票复印件时，该公司才不得不承认此事，并表示愿意按照约定退款。

从中我们可以明白以下道理：发票是税务凭证，也是商事凭证，是记录销售方与购买方购销事实、明确双方责任和义务的证明。当消费者因购买商品、接受服务与对方理论时，发票就是最好的证明资料。有些人在取得发票时对项目是否齐全不在意，结果在与商家理论的时候就会吃亏，商家可能会抵赖。所以，消费不仅要索取发票，而且还要注意发票项目是否完整。

【案例九】真发票下面藏着假发票

某企业业务员小王在某酒楼招待客户，结账后取得发票随手放在包里，等报销时，才发现480元的发票当中竟有两张100元的发票是假发票，发票上的章也不是当时消费的酒楼的章，小王到该酒楼理论，酒楼根本不承认是自己开的发票，可怜的小王只能自己贴了200元。

气愤的小王拿着假发票到当地税务局的举报中心举报，但由于该假发票上没有盖酒楼的发票专用章或其他任何印章，地税部门因证据不足而难以对该酒楼进行处罚。

据当地税务局介绍，近期虽已加大了对售假、购假发票的打击力度，但不少不良商家因利益驱动仍铤而走险购买和使用假发票，而且他们使用假发票的手段还越来越"高明"，通常是将假发票鱼目混珠夹杂在真发票之中，假发票上要不就盖上与本店经营名称不相符的发票专用章，要不就索性不盖任何印章，小王的遭遇屡见不鲜。

因此，我们取得发票以后一定要看看发票上的印章与消费场所的名称是否相符；同时，我们也明白一个道理：发票与企业纳税信息息息相关，很多人认为审核发票是财务人员的责任，其实，通过小王的遭遇就可以认识到：企业的业务人员取得发票的时候一定要把好第一关，如果取得了发票，来到财务审核时才发现有问题就已经于事无补了。

【案例十】隐匿企业收入错失上市良机

从中国企业的历史上讲，隐匿收入的会计作弊多发生于非公有制企业，其目的显然是出于逃避国家税收之考虑。但是，随着公有制企业经营管理机制的调整和市场经济体制的建立，包括公有制企业在内的企业法人偷逃税现象越来越普遍，隐匿收入的会计作弊现象也表现得比较突出。例如，YDS公司是YD公司的下属子公司，企业经济效益较好，为了逃避国家税收，YDS公司将300多万元的销售收入隐匿在"其他应付款"和"应付账款"账户中。1996年10月，YD公司准备上市，聘请会计师事务所对其连续3年的财务状况进行审计。会计师事务所在编制YD公司合并会计报表的时候，发现原本YDS公司账面的应付给总公司的"货款"根本找不到总公司方面的任何记录。这样，合并会计报表及合并会计报表附注就无法进行。后经质询YDS公司的会计科长，他才不得已说出了隐匿收入（实际上就是隐匿利润）的实情。对此，会计师事务所的审计人员要求YDS公司据实调整账项，并按照调整后的YDS公司的会计报表与总公司的报表合并，从而加大了工作量，延误了YD公司的上市良机，使企业既定的上市规划没有按期实现。

（整理于乔世震著：《会计案例》；中国财政经济出版社，1999年5月第1版）

【案例十一】内部清查不准，动用外部清查

大连某厂1986年12月31日发生一起重大火灾，设在一座三层楼里的第一车间、第五车

间和一个劳动保护用品库被大火烧毁，造成了该厂固定资产和流动资产的巨大损失。该厂组成的财产损失核算小组对火灾事故造成的财产损失数额上报为 1 464 000 元，其中流动资产损失上报为 174 000 元。

为了查明大连某厂火灾事故造成的财产损失数额，大连市人民检察院法纪检察处委托市院技术处对大连某厂发生火灾造成的损失进行鉴定。运用核对方法对该厂的生产成本账、成本计算单和火灾前后的在产品盘点表、流动资产损失表进行了检验；运用复核方法对厂财务科提供的供销科劳动保护用品仓库损失表及其明细表进行了复核。

鉴定结论为：大连某厂火灾事故造成的财产损失总金额竟高达 180 余万元，其中流动资产损失为 466 993 元。

（整理于《司法会计与鉴定》东北财经大学出版社，1987 年 8 月第 1 版）

【案例十二】提供虚假财会报告 三名被告一致认

2002 年 11 月 17 日上午，在郑州市中级人民法院大审判庭，郑州百文股份有限公司（以下简称"郑百文公司"）提供虚假财务报告一案开庭审理。上午 10 时许，郑百文公司原董事长李福乾、原公司总经理兼家电分公司经理卢一德、原公司财务处主任都群福被带上了法庭。

公诉人指出，被告人李福乾作为郑百文公司董事长、法人代表，在听取总经理卢一德、财务处主任都群福汇报 1997 年年度经营亏损，并看到 1997 年年底第一次汇总的财务报表也显示亏损的情况下，仍召集会议，指示财务部门和家电分公司完成年初下达的销售额 80 个亿，盈利 8 000 万的"双八"目标。随后，作为财务主管的都群福指示总公司财务人员，将各分公司所报当年财务报表全部退回作二次处理，都群福明确提出要求标准显示盈利。

二次报表出来后，显示公司完成利润指标。为了顺利通过审计，总经理卢一德亲赴四川，与厂家签订了两份返利协议，造成虚提返利 1 897 万元。

对于被指控的犯罪事实，3 名被告人在法庭上一致表示认罪，没有做过多辩护。最终，审判长宣布休庭，案件择期宣判。

【案例十三】会计出纳职责不清 白条顶账习以为常

大连某果树农场会计寇某独揽记账和出纳两个大权，专设的出纳员成了"摆设"。最终，寇某因贪污罪锒铛入狱。

该果树农场场长于某证言："在寇某当会计期间，寇某经常又开票又收款。他把款收上来之后再转给出纳员贾某，他转给贾某多少，贾某就保管多少。"出纳员贾某证言："自从寇某当会计开始，他就把现金管理方式改变了。凡是我们果树农场收入的现金（包括转账），都是寇某开票收款。他把款（现金）收上来以后连同收款单一并交给我，我见到收款单就记上现金收入账，完后我再把收款单退还给寇某以备装订传票、记账。这个做法是很不合理的，但人家是会计，人家说怎么干，就得怎么干。"

出纳员贾某又证实："我们俩所经手的现金经常是以欠条顶账，是指寇某收到现金以后，有时又支付出去了，有时他交给我的支出单据（指现金付出）超过了他交给我的收入单据

（指现金收入），这样，我按照他交给我的收入和支出的单据记账之后，再按照超支金额打一张欠条给他，说明我欠他的账。也有时他交给我现金收款单据，但他没同时把现金交给我，或者交的不够，我按照收款单据记账以后，他就打个欠条给我，我保存他的欠条顶库存现金。"

"我们俩在一定时间里互相交换欠条，长短不齐时再以现金找齐或者还是打欠条顶现金。这样处理与收付现款没有任何差别。"

差别还是有的。这不，连贾某自己也说不清，有一笔 3 850.20 元的现金支出在他与会计寇某之间在相互打欠条的哪一个环节上出了问题。后经检察机关鉴定证实：正是会计寇某以贾某开给他的白条作为原始凭证编制了记账凭证，并登记了现金总分类账。实际上并没有支付的现金落入了他个人腰包，寇某也因此被判刑 4 年。

（整理于《司法会计与鉴定》东北财经大学出版社，1987 年 8 月第 1 版）

【案例十四】 出纳虚设　会计贪污

大连某实业公司会计（兼出纳）邵某贪污公款 1.4 万余元。其中，有邵某利用赵某、邹某和陈某三个人的名字先后借款 7 000 元列为应收款下账。之后，又利用李某买鱼冲转应收款的机会，在 1985 年 2 月 9 日，对李某应收购鱼款合计 280 574 元内转销了 277 774 元，少冲转 2 800 元。另外又将一张 4 200 元清算预收款的退款收据冒充购鱼发货票，在虚增了"库存商品"的同时，邵某将这 4 200 元连同少冲转李某的 2 800 元一起用赵某、邹某和陈某三个人名义冲销了。结果，邵某将这 7 000 元据为己有，邵某贪污事实成立，被判处 4 年有期徒刑。

在司法会计鉴定检验过程中，检验人员对有关几个问题讯问了被告人，摘笔录如下：

问：你叫什么名字？
答：邵某。
问：你在大连某实业公司担任什么职务？
答：记账、会计。
问：大连某实业公司的出纳员由谁担任？
答：张某。
问：实际出纳员是谁？
答：名义是张某，实际上是我干的。
问：现金在谁那儿保管？
答：现金在我那儿保管。出纳员的印章都是张某的，印章都提前盖在记账凭证上（空白记账凭证）。

（整理于《司法会计与鉴定》东北财经大学出版社，1987 年 8 月第 1 版）

【案例十五】 挪用公款买彩票，未中大奖潜逃

年仅 24 岁的男青年矫某，利用担任出纳的便利条件，挪用 15 万元公款购买彩票，未中大奖又携 11 余万公款潜逃。日前，这起罕见的挪用公款买彩票案在济南市北区法院开庭审理。

矫某是青岛市元丰汽车贸易有限公司的一名出纳员，热衷于购买彩票，但由于经济拮据，

便打起了单位的主意。2002年4月,他利用职务便利,多次截留客户的购货款和预付款,又用现金支票多次从银行提取现金而不入账,前后共挪用15万元购买彩票。

日前,此案在济南市北区法院进行了公开审理,济南市北区检察院以贪污罪对矫某提起公诉。庭审中,矫某承认了自己挪用公款的犯罪事实,法院将择日作出判决。

【案例十六】分析与思考之一

某设备厂是全民所有制工业企业,2001年6月10日,经厂长李某批准,设备厂与个体工商户赵某签订了一份借款合同,由设备厂借给赵某人民币5万元,借款期限3个月,6月12日,赵某持借款合同到设备厂会计科提款,会计科长张某以资金紧张、担心赵某还款信誉等为由,于当日书面报告了厂长,要求取消该借款合同。6月25日厂长李某在会计科长张某的书面报告上批示:"合同既已签订,就应当依法履行"。会计科根据批示,从当日销售款中支取现金5万元交赵某并由赵某履行取款手续。3个月后,赵某未如期归还借款,经查,赵某已不知去向。厂长李某认为事态严重,并以会计科工作不力等为由作出如下决定:(1)免去张某会计科长职务;(2)出纳员王某调厂总务科工作,其出纳工作由稽核员陈某兼任;(3)鉴于没有会计科长的合适人选,将会计科并入本厂计划科,由计划科长行使会计机构负责的职责。该决定已经执行。

要求:根据上述情况,指出这些做法哪些违反法律和行政法规的规定?为什么?

解释:

(1)设备厂与个体工商户签订借款合同不合法。因为只有银行及经中国人民银行批准设立的其他金融机构才可以贷款人资格参与签订借款合同。

(2)厂长李某接受会计科长的书面报告4天后才作出决定不合法。因为单位领导人应当自接到会计机构、会计人员的书面报告之日起10日内作出决定。

(3)厂长李某作出批示的内容不合法。因为所签订的借款合同是无效合同,不具有法律效力。

(4)会计科从本单位当日销售款中支取现金不合法。因为现金管理法规不允许从本单位现金收入中直接支付(坐支)现金。

(5)厂长李某作出的免去会计科长职务、由计划科长行使会计机构负责人职权的决定不合法。因为国有企业会计机构负责人的任免应当经过上级单位同意。

【案例十七】分析与思考之二

2007年4月,某市财政局派出检查组对市属某国有机械厂的会计工作进行检查。在检查中了解到以下情况:

(1)2006年10月,新厂长要某上任后,在未报经主管单位同意的情况下决定将原会计科科长冯某调到计划科任科长,提拔会计刘某任科长,并将厂长李某战友的女儿陈某调入该厂的会计科任出纳,兼管会计档案保管工作。陈某没有会计证。

(2)2006年11月,会计张某申请调离该厂,厂人事部门在其没有办清会计工作交接手续的情况下，即为其办理了调动手续。

(3) 2006年12月10日，该厂从现金收入中直接支取5万元用于职工福利，会计科长刘某称当时曾口头向厂长反映这样做不妥，但厂长要求其办理。

(4) 2006年1月6日，该厂档案科会同会计科编制会计档案销毁清册。经厂长签字后，按规定程序进行了监销。经查实，销毁的会计档案中有一些是保管期满但未结清的债权债务原始凭证。

(5) 该厂2006年10月的现金日记账和银行存款日记账是用圆珠笔书写的，未按页次顺序连续登记，有跳行、隔页现象。

要求：请指出上述情况中哪些行为不符合国家规定，并说明理由。

解释：

(1) 以下行为不符合规定：①厂长在未报经主管单位同意的情况下，将会计科长冯某调任计划科长，提拔会计刘某任会计科长的行为不符合规定。理由是：《会计法》规定，对国有企业会计机构负责人、会计主管人员的任免，应当经过主管单位的同意。②厂长将其战友的女儿陈某调入该厂会计科任出纳，兼管会计档案保管工作的行为不符合规定。理由是：(A)《会计基础工作规范》规定，未取得会计证的人员，不得从事会计工作。(B)《会计法》规定，出纳人员不得兼管稽核、会计档案保管等工作。

(2) 会计张某没有办清会计工作交接手续即办理调动手续的行为不符合规定。理由是：根据《会计基础工作规范》的规定，会计人员工作调动或者因故离职，必须办理会计工作交接手续，没有办清交接手续，不得调动或者离职。

(3) 以下行为不符合规定：①该厂从现金收入中直接支取5万元用于职工福利的行为不符合规定，理由是：《现金管理暂行条例》规定，各银行开户单位支付现金，可以从本单位库存现金限额中支付或者从开户行提取，不得从本单位的现金收入中直接支付（即坐支）。②会计科长刘某仅以口头方式向厂长反映坐支行为，而对坐支行为未予以制止和纠正，不符合法律规定。理由是：《会计法》规定，会计机构、会计人员对认为是违法的收支应当制止和纠正，制止、纠正无效的，应当向单位领导人提出书面意见，要求处理。

(4) 销毁保管期满但未结清债权、债务的原始凭证的行为不符合规定。理由是：《会计档案管理办法》规定，对于保管期满但未结清债权债务的原始凭证和涉及其他未了事项的原始凭证，不得销毁，而应当单独抽出立卷，保管到未了事项完结时为止。

(5) 以下行为不符合规定：①现金日记账和银行存款日记账用圆珠笔书写不符合规定。理由是：根据《会计基础工作规范》的规定，登记账簿要用蓝黑墨水或者碳素墨水书写，不得用圆珠笔或者铅笔书写。②会计账簿未按页次顺序连续登记，有跳行、隔页现象不符合规定。理由是：根据《会计基础工作规范》的规定，各种账簿要按页次顺序连续登记，不得跳行、隔页。

【案例十八】分析与思考之三

2005年10月10日，甲公司收到一张应由甲公司与乙公司共同负担费用支出的原始凭证，甲公司会计人员张某以该原始凭证及应承担的费用进行账务处理，并保存该原始凭证；同时应乙公司要求将该原始凭证复制件提供给乙公司用于账务处理。年终，甲公司拟销毁一批保管期满的会计档案，其中有一张未结清的债务的原始凭证，会计人员李某认为只要保管期满的会计档案就可以销毁。

要求：根据我国会计法规的规定，回答下列问题：（1）会计人员张某将原始凭证复制件提供给乙公司用于账务处理的做法是否正确？简要说明理由。（2）会计人员李某的观点是否正确？简要说明理由。

解释：

（1）会计人员张某的做法不正确。理由：根据《会计基础工作规范》的规定，一张原始凭证所列的支出需要由两个以上的单位共同负担时，应当由保存该原始凭证的单位开具原始凭证分割单给其他应负担的单位，而不是给复印件。

（2）会计人员李某的观点不正确。理由：根据《会计基础工作规范》的规定，保管期满但未结清的债权债务原始凭证，不得销毁。

【案例十九】分析与思考之四

2005年11月，甲公司因产品销售不畅，新产品研发受阻。公司财会部预测公司本年度将发生800万元亏损。刚刚上任的公司总经理责成总会计师王某千方百计实现当年盈利目标，并说："实在不行，可以对会计报表做一些会计技术处理。"总会计师很清楚公司本年度亏损已成定局，要落实总经理的盈利目标，只能在财务会计报告上做手脚。总会计师感到左右为难：如果不按总经理的意见去办，自己以后在公司不好待下去；如果按照总经理意见办，对自己也有风险。为此，总会计师思想负担很重，不知如何是好。

要求：根据《会计法》和会计职业道德的要求，分析总会计师王某应如何处理，并简要说明理由。

解释：总会计师王某应当拒绝总经理的要求。因为总经理的要求违反了《会计法》中规定的"单位负责人对本单位的会计工作和会计资料的真实性、完整性负责。""任何单位或者个人不得以任何方式授意、指使、强令会计机构、会计人员伪造、变造会计凭证、会计账簿和其他会计资料，提供虚假财务会计报告。"王某也违背了会计职业道德中的会计人员应当诚实守信、客观公正、坚持准则的要求。

【案例二十】分析与思考之五

2005年，A公司由于经营管理和市场方面的原因，经营业绩滑坡，需向银行贷款。A公司的主要负责人张三便要求公司的财务负责人李四对该年度的财务数据进行调整，增加企业利润以助于公司的形象提升。李四组织公司会计人员王五以虚做营业额、隐瞒费用和成本开支等方法调整了公司财务数据。A公司根据调整后的财务资料，于2005年10月贷款成功。

根据上述资料，试分析回答下列问题：

（1）指出哪些当事人存在何种违法行为？哪些当事人违反了哪些会计职业道德要求？

（2）哪些单位或部门可以对相关当事人进行何种处理？并说明理由。

解释：

（1）A公司张三、李四、王五均存在编制虚假财务会计报告的行为。

张三是单位负责人，存在授意、指使他人编制虚假财务会计报告的行为。根据《会计法》的规定，其构成犯罪的，司法部门依法追究刑事责任；尚不构成犯罪的，可以处以5 000元以上50 000元以下的罚款。

（2）李四、王五作为会计人员，应当拒绝总经理的要求，其行为违背了会计职业道德中的会计人员应当诚实守信、客观公正、坚持准则的要求。根据《会计法》的规定，如果构成犯罪的，依法追究刑事责任；尚不构成犯罪的，由县级以上人民政府财政部门予以通报，可以对李四、王五处3 000元以上50 000元以下的罚款；李四、王五为会计人员，应由县级以上人民政府财政部门吊销会计从业资格证书。

【案例二十一】 分析与思考之六

乙公司会计主管离任，由李某接任。李某接任后其女儿已取得会计从业资格证书，故安排其女儿任出纳。因财务人员较少，乙企业未设立会计档案机构，李某要求出纳兼管会计档案。一天，反贪局到乙企业调查上任会计主管经济问题，会计档案保管人得到李某同意后，将部分记账凭证和数本账册借给反贪局。由于记账凭证太多，李某要求财会人员将保存满10年的会计凭证销毁。

请回答：

（1）李某的女儿已取得会计从资格证书，李某能否安排其任出纳？为什么？

（2）出纳能否兼管会计档案？

（3）会计档案能否出借给反贪局？

（4）根据《会计档案管理办法》，会计凭证应保留多少年才能销毁？

解释：

（1）李某不能安排其女儿任出纳。根据《会计基础工作规范》的相关规定，国家机关、国有企业、事业单位任用会计人员应实行回避制度。会计机构负责人、会计主管人员的直系亲属不得在本单位会计机构中担任出纳工作。李某作为会计主管人员显然不能让其女儿出任本单位的出纳。

（2）出纳不能兼管会计档案。根据《会计基础工作规范》的规定，会计工作岗位的设置应遵循相互牵制的原则。出纳人员不得兼管审核、会计档案保管和收入、费用、债权债务账目的登记工作。

（3）会计档案不能出借给反贪局。根据《会计档案管理办法》的规定，各单位保存的会计档案不得借出。如有特殊需要，经本单位负责人批准，可以提供查阅或者复制，并办理登记手续。

（4）根据《会计档案管理办法》的规定，会计凭证应保留15年才能销毁。

【案例二十二】 分析与思考之七

2005年10月10日,甲公司会计人员张某在办理报销工作中,收到两张乙公司开具的销货发票均有更改迹象:其中一张发票更改了用途,另一张发票更改了金额。两张发票均盖有乙公司的单位印章。张某全部予以报销。

要求:会计人员张某将原始凭证均予以报销的做法是否正确?简要说明理由。

解释:会计人员张某的做法不正确。理由:根据《会计基础工作规范》的规定,原始凭证记载内容有错误的,应当由开具单位重开或更正,所以第一张发票是可以报销的,原始凭证的金额出现错误的不得更正,只能由原始凭证开具单位重新开具,所以第二张发票不能报销,必须重新开具。

【案例二十三】 分析与思考之八

资料:某国有企业集团总会计师李军参加了财政部门组织的会计职业道德培训班后,认识到会计诚信教育事关重大,随即组织了本集团会计人员职业道德培训。培训结束时进行了考试,试题中有一案例,要求学员进行分析,案例如下:

晓东电子公司会计赵丽因工作努力,钻研业务,积极提出合理化建议,多次被公司评为先进会计工作者。赵丽的丈夫在一家私有电子企业任总经理,在其丈夫的多次请求下,赵丽将在工作中接触到的公司新产品研发计划及相关会计资料复印件提供给其丈夫,给公司带来一定的损失。公司认为赵丽不宜继续担任会计工作。

要求:回答下列问题:

(1) 赵丽违反了哪些会计职业道德要求?

(2) 哪些单位或部门可以对赵丽违反会计职业道德行为进行处理?并说明理由。

解释:

(1) 赵丽违反了诚实守信、廉洁自律会计职业道德要求。

(2) 财政部门、会计职业团体、本单位对赵丽违反会计职业道德行为,均可以在各自的职权范围内进行处理。

《会计法》规定,会计人员应当遵守会计职业道德。《会计从业资格管理办法》、《会计专业技术资格考试暂行办法》等均把遵守会计职业道德作为取得会计从业资格、参加会计资格考试的前提条件。所以,财政部门可以对会计职业道德进行监督检查,对违反职业道德行为的可以在其会计从业资格证书上进行记载,情节严重的,将依法吊销其会计从业资格证书。其次,如果会计职业组织会员违反了会计职业道德要求,会计职业组织可以根据行业自律性监管的有关规定,对其会员采取公开谴责,直至取消其会员资格等惩戒措施。此外,根据《会计法》规定,单位负责人对本单位的会计工作和会计资料的真实性、完整性负责。单位负责人有责任建立和完善内部控制制度,开展会计职业道德教育,检查和考核本单位会计人员会计职业道德遵守情况,对违反会计职业道德行为,可以按照单位内部有关制度进行直至除名的处理。

【案例二十四】分析与思考之九

H公司为支付货款向I公司签发了一份商业承兑汇票,但在到期前该汇票被盗。I公司向人民法院申请公示催告,法院受理并发布了公告。在公示催告期间,盗窃人伪造了I公司的印章,以I公司名义与J公司进行交易,把汇票背书转让给J公司。后J公司偶然得知该汇票被公示催告,即向人民法院申报权利。

要求回答:(1)该汇票被伪造后是否有效?
(2)如果没有公示催告,J公司是否取得票据权利?为什么?

解释:

(1)该汇票被伪造后无效。根据《票据法》的规定,假冒他人名义或虚构人的名义而进行的票据行为属于票据的伪造。票据的伪造行为是一种扰乱社会经济秩序、损害他人利益的行为,在法律上不具有任何票据行为的效力。持票人即使是善意取得,对被伪造人也不能行使票据权利。

(2)如果没有公示催告,J公司无法取得票据权利。根据《票据法》的规定,公示催告是指人民法院根据票据原持有人的申请,以公示的方法,催告不明的票据利害关系人在一定期限内向人民法院申报票据权利,逾期无人申报,人民法院即判决宣告票据无效的程序。J公司在公示催告期间申请了票据权利,根据《票据法》的规定,利害关系人在申报期间内向人民法院申报的,无论其有无理由或理由如何,人民法院均应裁定终结公示催告程序,因此时已有明确的相对人。申请人或者申报人可依照普通程序或者简易程序提起票据诉讼。

【案例二十五】分析与思考之十

闽海水产加工厂原是一家国有企业,2004年内,发生了以下事项:

(1)新的领导班子上任,决定精简内设机构,中层干部轮岗,将会计部撤并到厂部办公室,同时任命办公室主任吴某兼任会计负责人。撤并以后,会计主要工作重新分工如下:原会计部主办会计继续留任会计工作,原设备处工作人员、吴某的女儿吴莲调任出纳工作,兼任会计档案的保管。

吴某毕业于某名牌师范大学,自从参加工作以来一直从事办公室文秘工作,恪守职责,兢兢业业,深受厂领导和同事们的好评。为了使其尽快胜任会计负责人岗位,领导要求吴某半脱产参加会计知识培训班,并参加当年全省会计从业资格的统一考试。

(2)撤并工作完成,办理会计交接手续,由厂部纪检、监察部门严格监交。

(3)某司法单位因工作需要暂时借用闽海水产加工厂上一年的会计档案,对有关原始凭证做了摘录或复制。工作过程中,得到厂方的大力支持,吴莲积极配合,并办理了详细的外借登记手续。

(4)某月某日,闽海水产加工厂开出一张面额为10 000元整的转账支票向某运输公司支付运费。次日,运输公司向银行提示付款,银行发现该支票为空头支票,遂予以退票,并对闽海厂处以1 000元的罚款。某运输公司要求闽海厂除支付其10 000元的运费之外,还应当另外支付其 2 000 元的赔偿金。

(5) 在上级有关部门的关心、支持下，引进外资，闽海厂与外商合作，成立了中外合资的闽洋公司。公司管理层研究决定，公司以后凡是对外报送的财务会计报告均由吴某签字、盖章后正式报送，以利于会计信息的及时披露。

请分析并简要说明理由：

(1) 该企业撤并会计机构、任命会计主管人员、会计工作的岗位分工等是否合法？
(2) 该企业在办理会计工作交接时，是否有违法之处？
(3) 该企业向某司法单位提供外借、查阅、复制会计资料是否合法？
(4) 银行对闽海厂签发空头支票处以 1 000 元罚款是否合法？某运输公司是否能够以闽海厂签发 10 000 元空头支票为由而要求取得 2 000 元赔偿金？
(5) 闽洋公司管理层关于"公司以后凡是对外报送的财务会计报告均由吴某签字、盖章后正式报送"的决定是否合法？

解释：

(1) 各单位根据会计业务需要设置会计机构。会计部可以合并到厂办。任命吴某兼任会计主管人员不合法。吴某不具备会计机构负责人资格。会计工作的岗位分工不合法。吴某女儿系其直系亲属，不宜担任出纳。出纳不得兼任会计档案保管。

(2) 会计工作交接不能由厂部的纪检、监察部门监交。会计主管人员交接工作，应当由单位负责人监交。

(3) 会计档案外借不合法，不得借出。经批准，可以提供查阅和复制。

(4) 银行处以 1 000 元罚款合法。某运输公司不能够要求取得 2 000 元的赔偿金。该运输公司可以要求得到 200 元（票面金额 10 000 元的 2%）的赔偿金。

(5) "对外报送的财务会计报告均由吴某签字、盖章后正式报送"的决定不合法。对外报送的财务会计报告必须由单位负责人、主管会计工作的负责人、会计机构负责人、总会计师签名并盖章。

【案例二十六】分析与思考之十一

2003 年 1 月，某服装厂发生如下事项：

(1) 7 日，该厂会计人员郑某脱产学习一个星期，会计科长指定出纳王某兼管郑某的债权债务账目的登记工作，未办理会计工作交接手续。

(2) 10 日，该厂档案科同会计科销毁了一批保管期限已满的会计档案，未报经厂领导批准，也未编造会计档案销毁清册，销毁后未履行任何手续。

(3) 该厂 2002 年度亏损 20 万元，20 日，会计科长授意会计人员采取伪造会计凭证等手段调整企业的财务会计报告，将本年度利润调整为盈利 50 万元，并将调整后的企业财务会计报告经厂长及有关人员签名、盖章后向有关单位报送。

要求：根据以上事实，回答下列问题：

(1) 出纳王某临时兼管郑某的债权债务账目的登记工作是否符合规定？
(2) 会计人员郑某脱产学习一个星期，是否需要办理会计工作交接手续？

（3）该服装厂档案科会同会计科销毁保管期满的会计档案在程序上是否符合规定？为什么？

（4）该服装厂厂长对会计科长授意会计人员采取伪造会计凭证等手段调整企业财务会计报告的行为是否承担法律责任？为什么？

解释：

（1）不符合规定。因为出纳人员不得兼管债权债务账目的登记工作。

（2）需要办理会计工作交接手续。

（3）不符合规定。会计档案保管期满需要销毁的，需编造会计档案销毁清册，经单位负责人签署意见后方可销毁，销毁后，监销人应当在会计档案销毁清册上签章，并将监销情况报告单位负责人。

（4）应承担法律责任。根据我国《会计法》的规定，单位负责人对本单位的会计工作和会计资料的真实性，完整性负责。

【案例二十七】分析与思考之十二

某大型国有企业，2003年发生以下事项：

（1）1月，该企业新领导班子上任后，作出了精简内设机构等决定，将会计科撤并到企业管理办公室（以下简称"企管办"），同时任命企管办主任王某兼任会计主管人员，会计科撤并到企管办后，会计工作分工如下：原会计科会计继续担任会计；原企管办工作人员，王某的女儿担任出纳工作，企管办主任王某自参加工作后一直从事文秘工作，为了使王某尽快胜任会计主管人员岗位，企业同意王某半脱产参加会计培训班，并参加2004年会计从事资格考试。

（2）2月，原会计科长与王某办理会计工作交接手续，人事科长进行监交。

（3）6月，档案科会同企管办对企业会计档案进行了清理，编造会计档案销毁清册，将保管期已满的会计档案按规定程序全部销毁，其中包括一些保管期满但未结清债权债务的原始凭证。

（4）8月，经该企业负责人批准，某业务往来单位因业务需要查阅了该企业2002年有关会计档案，对有关原始凭证进行了复制，并办理了登记手续。

（5）10月，企管办在例行审核有关单据时，发现一张购买计算机的发票，其"金额"栏中的数字有更改现象，经查阅相关买卖合同及单据，确认更改后的金额数字是正确的，于是要求该发票的出具单位在发票"金额"栏更改之处加盖出具单位印章之后，该企业予以接受并据此登记入账。

请分析：

（1）该企业撤并会计机构，任命会计主管人员、会计工作岗位分工是否有违反法律规定之处？分别说明理由。

（2）该企业在办理会计工作交接、销毁会计档案中是否有违反法律规定之处？分别说明理由。

（3）该企业向业务往来单位提供查阅会计档案、复制有关原始凭证是否符合法律规定？说明理由。

(4) 该企业对购买计算机的发票的处理是否符合法律规定？说明理由。

解释：

(1) 该企业撤并会计机构有违法之处。根据《会计法》的规定，各单位应当根据会计业务的需要，设置会计机构，或者在有关机构中设置会计人员并指定会计主管人员。一个单位是否单独设置会计机构，往往取决于以下原因：一是单位规模的大小；二是经济业务和财务收支的繁简；三是经营管理的要求。所以，作为大型国有企业，应单独设置会计机构。任命王某为会计主管人员有违法之处。根据《会计法》的规定，担任单位会计机构负责人（会计主管人员）的，除取得会计从业资格证书外，还应当具备会计师以上专业技术职务资格或者从事会计工作三年以上的经历。王某不具备法定资格，既无会计师专业技术职务资格，以往从事的又是文秘工作，不能做会计主管人员。由王某的女儿担任出纳工作，也是违法的。依据《会计工作规范》的要求，国家机关、国有企业、事业单位任用会计人员应当实行回避制度，其中会计主管人员的直系亲属不得在本单位会计机构中担任出纳工作。因此，王某作为会计主管人员，其女儿不能在本单位任出纳工作。

(2) 该企业在办理会计工作交接中有违法之处。根据《会计法》的规定，会计机构负责人、会计主管人员办理交接手续时，由单位领导人负责监交。而该企业则是由人事科长进行监交，不符合法律规定。该企业销毁会计档案中有违法之处。依据法律规定：对于保管期满但未结清的债权债务原始凭证和涉及其他未了事项的原始凭证，不得销毁，而应当单独抽出立卷，保管到未了事项完结时为止，所以，并非保管期满的会计档案需一律销毁。

(3) 该企业向业务往来单位提供查阅会计档案、复制有关原始凭证符合法律规定。因为法律规定：会计档案原则上不得借出，如有特殊需要，须经本单位负责人批准，可以提供查阅或者复制，并办理登记手续。

(4) 该企业对购买计算机的发票的处理不符合法律规定。因为法律规定：原始凭证记载的各项内容均不得涂改。原始凭证有错误的，应当由出具单位重开或者更正，更正处应当加盖出具单位印章。原始凭证金额有错误的，应当由出具单位重开，不得在原始凭证上更正。该企业购买计算机的发票是金额有错误，不能更正而应重开。

【案例二十八】 分析与思考之十三

某有限责任公司是一家中外合资经营企业，2003年度发生了以下事项：

(1) 1月21日，公司接到市财政局通知，市财政局要来公司检查会计工作情况，公司董事长兼总经理胡某认为，公司作为中外合资经营企业，不应受《会计法》的约束，财政部门无权检查。

(2) 3月5日，公司会计科一名档案管理人员生病临时交接工作，胡某委托单位出纳员李某临时保管会计档案。

(3) 4月15日，公司从外地购买一批原材料，收到发票后，与实际支付款项进行核对时发现发票金额错误，经办人员在原始凭证上进行更改，并加盖了自己的印章，作为报销凭证。

(4) 5月2日，公司会计科科长退休，公司决定任命自参加工作以来一直从事文秘工作的办公室副主任王某为会计科科长。

(5) 6月30日，公司有一批保管期满的会计档案，按规定需要进行销毁，公司档案管理部门编制了会计档案销毁清册，档案管理部门的负责人在会计档案销毁清册上签了名，并于当天销毁。

(6) 9月9日，公司人事部门从外省招聘了一名具有高级会计师资格的会计人员，该高级会计师持有外省的会计从业资格证书，其相关的会计从业资格业务档案资料仍保存在外省的原单位所在地财政部门。

(7) 12月1日，公司董事会研究决定，公司以后对外报送的财务会计报告由王科长签字，盖章后报出。

请分析：

(1) 公司董事长兼总经理胡某认为合资经营企业不受《会计法》约束的观点是否正确？为什么？

(2) 该公司由出纳员临时保管会计档案的做法是否符合法律规定？为什么？

(3) 该公司经办人员更改原始凭证金额的做法是否符合法律规定？为什么？

(4) 该公司王某担任会计科科长是否符合法律规定？为什么？

(5) 该公司销毁会计档案的做法是否符合法律规定？为什么？

(6) 该公司招聘的高级会计师是否需要办理会计从业资格调转手续？如需办理，应怎样处理？

(7) 该公司董事会作出的关于对外报送财务会计报告的决定是否符合法律规定？为什么？

解释：

(1) 胡某认为合资经营企业不受《会计法》约束的观点是错误的。国家机关、社会团体、公司、企业、事业单位和其他组织必须依照会计法办理会计事务。合资经营企业也不例外。

(2) 出纳员临时保管会计档案的做法不符合法律规定。根据《会计工作规范》和有关制度规定，出纳人员不得兼管稽核、会计档案保管和收入、费用、债权债务账目的登记工作。

(3) 公司经办人员更改凭证金额的做法不符合法律规定。根据《会计基础工作规范》规定，原始凭证金额有错误的，应当由出具单位重开，不得在原始凭证上更正。

(4) 不符合。根据《会计法》的规定，担任单位会计机构负责人（会计主管人员）的，除取得会计从业资格证书外，还应当具备会计师以上专业技术职务资格或者从事会计工作三年以上经历。王某不具备法定资格，既无会计师专业技术职务资格，以往从事的又是文秘工作。不能做会计科科长。

(5) 不符合规定。会计档案保管期满需要销毁的，需编造会计档案销毁清册，经单位负责人签署意见后方可销毁。销毁后，监销人应当在会计档案销毁清册上签章，并将监销情况报告单位负责人。

(6) 该公司招聘的高级会计师需要办理会计从业资格调转手续。根据《会计从业资格管理办法》规定，从事会计工作的人员因调任等原因离开原工作单位且到其他地区继续从事会计工作的应当到原注册登记的会计从业资格管理部门办理档案调出手续，并于办理调出手续之日起的90日内到新工作单位所在地区的会计从业管理部门办理调入手续。

(7) 公司董事会做出关于对外报送财务会计报告的决定不符合会计法律制度规定。根据《会计法》的规定，企业对外报出的财务会计报告应当由企业负责人和主管会计工作的负责人、会计机构负责人签名并盖章。设置总会计师的企业，还应当由总会计师签名并盖章。

【案例二十九】分析与思考之十四

2004年10月9日，甲企业的财务科长持有关证明到乙商业银行某营业部办理基本存款账户开立手续，乙银行工作人员审查了其开户的证明文件，并留存了相关证件的复印件，为其办理了基本存款账户开户手续。当天，该财务科长持以上证件和丙银行的贷款合同到丙银行开立了一个一般存款账户；10月10日，该财务科长携带该企业的印鉴到乙银行某营业部购买了转账支票一本，并当场签发了金额10 000元的转账支票，填写了进账单、支票。进账单的收款人为在乙银行开户的开成公司，乙银行的工作人员审查完毕后当场办理了该支票的转账手续。10月11日，乙银行账户工作人员携带甲企业的基本存款账户开户资料向当地人民银行报送，申请核准。

要求：根据有关规定，分析乙银行和丙银行的做法是否符合有关账户管理的规定。

解释：

（1）本题中涉及的乙银行工作人员没有严格执行《人民币银行结算账户管理办法》关于"存款人开立单位银行结算账户，自正式开立之日起3个工作日后，方可使用该账户办理付款业务。"的规定，在甲企业开户的次日就为其办理了转账手续，违反了规定。

（2）丙银行的工作人员在甲企业没有基本账户登记证的情况下，就为甲企业办理了开户手续，属于开户审查不严的行为。根据《人民币银行结算账户管理办法》规定，开立一般存款账户应向银行出具其开立基本存款账户规定的证明文件、基本存款账户开户登记证和借款合同或其他证明。本题中，甲企业的财务科长10月9日在乙银行开立基本存款账户，而乙银行的工作人员10月11日到当地人民银行办理核准手续，因此，丙银行为甲企业开立一般存款账户时，人民银行尚未核发乙银行为甲企业基本存款账户的登记证。

【案例三十】分析与思考之十五

某国有公司的供销员张某从外地出差回来，到财务科报销差旅费。由于其开支的数额大，超过了财务制度规定的标准，财务科长李某只同意按标准报销，超出部分由张某自理。另外，该公司会计小王发现供销员张某要求报销的接待客户餐费，是旧版失效的发票，金额为1 000元。考虑到厂长已签名同意报销，就将发票入账，后被税务机关查出并罚款。为此，双方发生争吵，张某一怒之下，动手打伤了李某。事发之后，该公司经理对此作了如下处理：要求张某向李某赔礼道歉并作书面检查；李某的医药费及营养费由公司负责支付，养伤期间的工资和奖金照发；又考虑到张某是业务骨干，而且出差为公司揽回不少业务，因此，同意报销张某的全部差旅费。

要求：李某、张某和经理人各人的行为有没有违反《会计法》？为什么？

解释：李某没有违反《会计法》，张某和经理都违反了《会计法》。因为李某坚持了《会计法》中有关会计核算的原则的规定，对于超出报销标准的不合理的原始凭证不予受理；而张某拿超出报销标准的不合理原始凭证和旧版失效的发票来报销，本已违反《会计法》中关于会计核算和会计资料真实性的要求，但张某不仅没有反省自己的行为，还动手打伤他人，又违反了《刑法》的有关规定；经理不仅没有制止张某的违法行为，反而为了公司的私利，包庇张某的行为，不顾《会计法》的规定，强令会计机构和会计人员报销不合理、不合法的会计凭证。